二階堂 五四〇円
ウーロン茶割
久米仙 五四〇円

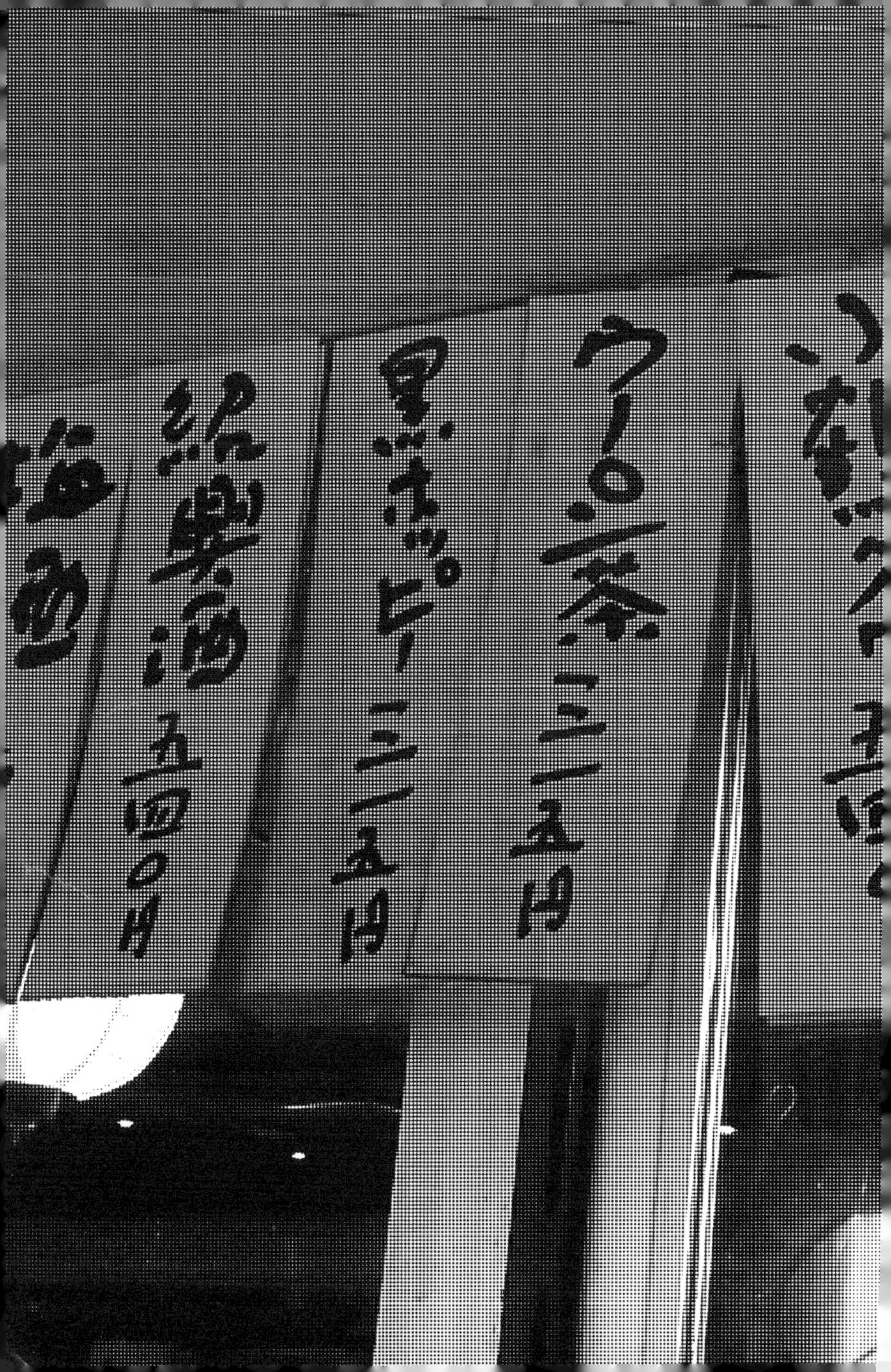
ウーロン茶 三一五円
黒ホッピー 三一五円
紹興酒 五四〇円

吉祥寺
ハモニカ横丁のつくり方

倉方俊輔 編

形見一郎
隈 研吾
塚本由晴
手塚一郎
原田真宏
三浦 展

彰国社

ハモニカ横丁地図

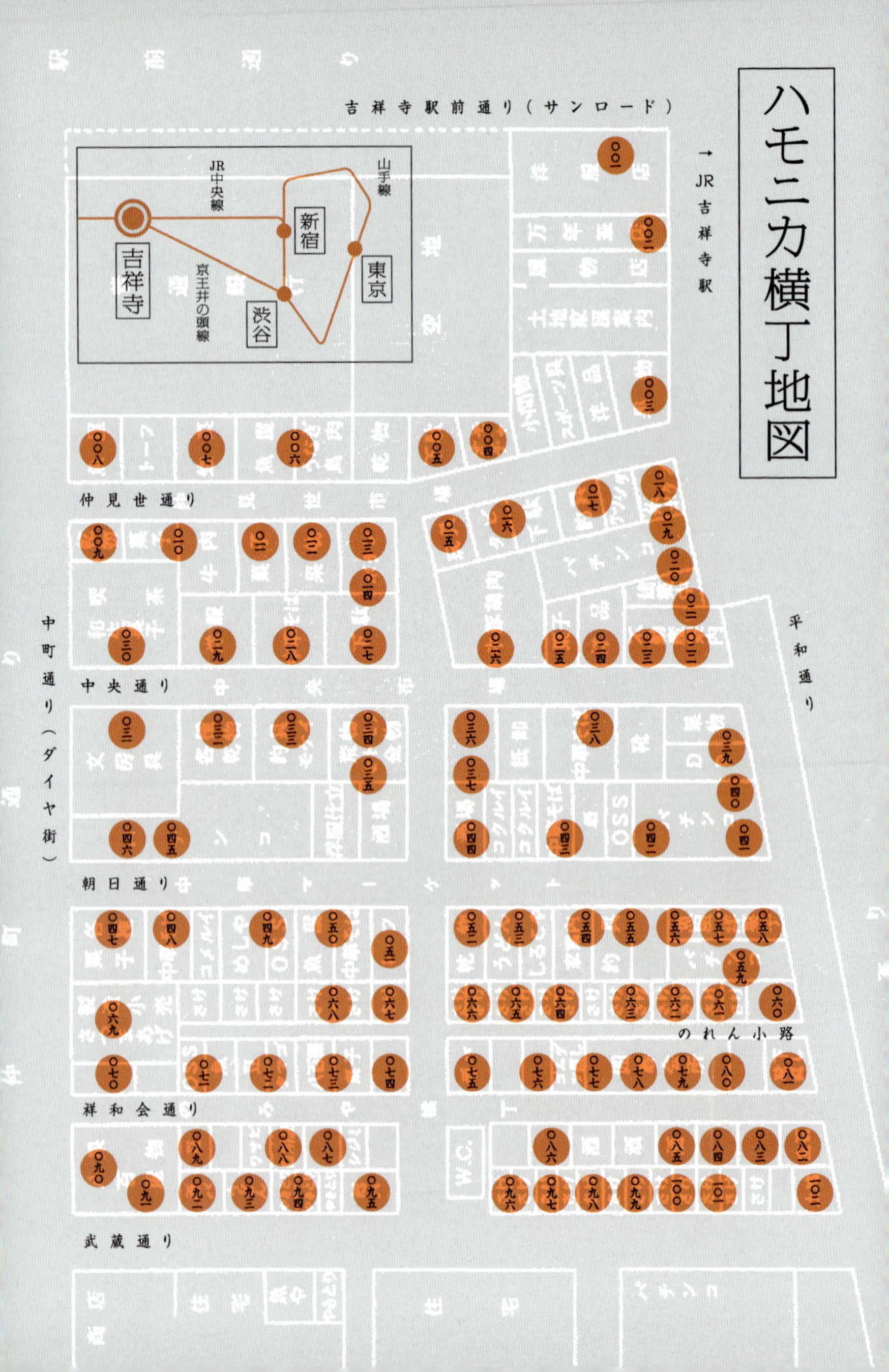

駅前通り
吉祥寺駅前通り（サンロード）
→JR吉祥寺駅
JR中央線
山手線
新宿
吉祥寺
東京
京王井の頭線
渋谷
仲見世通り
中央通り
朝日通り
祥和会通り
武蔵通り
中町通り（ダイヤ街）
平和通り
のれん小路
W.C.

〇〇一 TOP1
〇〇二 ヴィクトリー
〇〇三 三千里薬品
〇〇四 エプロン
〇〇五 Fascination
〇〇六 なぎさや
〇〇七 SOS
〇〇八 海鮮三崎港
〇〇九 OCHIAI
〇一〇 片口
〇一一 MA-RI-NO
〇一二 ルグラン
〇一三 万両
〇一四 おふくろ屋台
〇一五 チャレンジマルシェ
〇一六 まぐろのなかだ屋
〇一七 マチ案内所 dokodoko
〇一八 ポヨ(POLLO)
〇一九 富士そば
〇二〇 チケットショップ K-S
〇二一 Tea Clipper
〇二二 gasumachi
〇二三 t-deux
〇二四 ハモニカキッチン
〇二五 美舟
〇二六 BBQ酒場 Jolly-Pad
〇二七 カフェ モスクワ
〇二八 餃子のみんみん
〇二九 アジア食堂ココナッツ
〇三〇 リサイクルショップ たんす屋
〇三一 ミュンヘン
〇三二 やきとん酒場 あんちゃん
〇三三 門果
〇三四 トラットリア ピアット フレスコ
〇三五 和食ミシマ
〇三六 アヒルビアホール
〇三七 フードラボ
〇三八 てっちゃん
〇三九 不二家洋菓子店
〇四〇 mama's waffle
〇四一 築地銀だこ ハイボール酒場
〇四二 NOBU Café
〇四三 串・com
〇四四 AVANTI デニムセンター
〇四五 alook
〇四六 眼鏡市場
〇四七 紅屋
〇四八 天音
〇四九 Octobre
〇五〇 珍来亭
〇五一 エイヒレ
〇五二 WESTERN
〇五三 ゆであげ生パスタ 専門店スパ吉
〇五四 COCO'S SWEET
〇五五 酒房食堂 dish
〇五六 不二屋鮮魚店
〇五八 宝くじロトハウス
〇五九 ミンク&ファー
〇六〇 串の坊
〇六一 酒どころ たかこ
〇六二 ニワトリ
〇六三 和風スタンド里
〇六四 あじあんてーぶる by美酔酒
〇六五 コパンダ
〇六六 田楽山
〇六七 ハモニカ・クイナ
〇六八 ささの葉
〇六九 塚田かまぼこ店
〇七〇 小ざさ
〇七一 ハモニカ
〇七二 なにわや
〇七三 酒処 はんなり
〇七四 フラワーショップ はやし
〇七五 こしの
〇七六 いせ桜
〇七七 居酒屋 Chang
〇七八 ²龍(RONRON)
〇七九 piwang
〇八〇 路地裏猫雑貨 マルルゾロ
〇八一 上海 焼き小籠包
〇八二 モルガン宝飾
〇八三 ハモター酒場
〇八四 占いの館 月の扉
〇八五 まるかんのお店
〇八六 居酒屋花ちゃん
〇八七 清水屋
〇八八 なよ乃jinjin
〇八九 おでん処 いろは
〇九〇 吉祥寺さとう
〇九一 ステーキハウス さとう
〇九二 清水屋
〇九三 漬物BAR 4328
〇九四 横浜 くりこ庵
〇九五 麺屋武蔵 虎洞
〇九六 メープルハウス
〇九七 Full Moon
〇九八 ZEN
〇九九 大和エステート
一〇〇 絹福総本舗
一〇一 ALADDIN
一〇二 フルーツの一実屋

地図:1953年当時のハモニカ横丁(出典:成蹊大学政治経済学会『武蔵野市(中)』武蔵野市、1954年)
店舗:2016年3月現在の102店舗

はじめに

理性と野生と横丁と

倉方俊輔

「住みたい街ナンバーワン」吉祥寺の駅前に広がる「昭和の匂い漂う」ハモニカ横丁。こんな形容が一般的になった現在（二〇〇〇年以降）のハモニカ横丁から考えてみたい。写真や資料、関係者へのインタビューを通して、その魅力の中を彷徨《さまよ》い、どうやったらこれがつくれるかという問題提起を行いたい。

まず、吉祥寺について説明しなくてはいけない。ここは同名の寺院の門前町として野生した……わけではなく、いわば江戸の都市計画の産物である。

一六五七年の明暦の大火で本郷元町（現在の文京区本郷一丁目）にあった吉祥寺の門前町が被災し、翌年の大火によって寺も焼失したことで、幕府は同地を大名屋敷に変えることにし、代替地を与えた。この土地を開墾したのが旧吉祥寺の門前町にいた人々だったため、その名が付いた。

駅の開設は一八九九年と早いが、付近の東京西郊と同様、人口が急増するのは一九二三年の関東大震災で都心が罹災した後だ。一九三四年には渋谷との間に帝都電鉄（現・京王井の頭線）も通るようになり、鉄道インフラとしては現在と同じ形となった。

三角定規を思い浮かべてほしい。三〇度の角を吉祥寺に置き、水平に伸びた先を山手線に当てると、だいたいその直角の辺りが新宿、六〇度の角が渋谷で、どちらも電車で一七分ほどだ。住所で言うと東京都武蔵野市となり、駅を少し南下した井の頭恩賜公園の辺りからは東京都三鷹市。

三角定規を思い浮かべると、それを手にしていた一九七〇年代に心が帰る。小学校低学年の自分にとって、ハモニカ横丁は印象に刻まれる空間であると同時に、日常的に訪れる場所だった。狭い暗がりを入った先に寝転んだ魚の鱗は、電球に照らされて光っていた。物が新鮮で、普通の店には置いていないアラなども並んでいるからと言って、母はハモニカ横丁の鮮魚店を贔屓《ひいき》にしていた。当時、駅前通りにあった、大小の卵が一個単位で買える鶏卵専門店や色とりどりの飴がガラスケースに収まった飴菓子店、時折見かけた傷痍軍人などと同程度の、日々の暮らしの中にある違和感だった。やがてそれらが消え失せても、ここだけは健在で、駅からの帰り道にその中を通っては、閉塞感にホッとしていた。

この狭さや暗さが、戦後のヤミ市に由来することも有名である。ヤミ市とは一九四五年の敗戦後、空き地に並んだ不法占拠の露店に始まり、次第に建物の体裁と社会的位置付けを整えた市場のこと。ハモニカ横丁は新宿の思い出横丁と共に、当時と同じ場所で残存する全国でも珍しい例だ。ヤミ市の学術的な研究は二〇〇〇年以降に大きく進展し、ヤミ市のほとんどが一九四九年のGHQの指令によって消滅し、残った建物も一九六〇年代に集中してビルなどに整理されていったこと[※1]、そんな中で吉祥寺の一等地に三〇〇〇平方メートルもの横丁が残存した理由として、江戸時代の開墾以来の大地主である月窓寺が土地所有者だったことなどが指摘されている[※2]。

現存数の少なさと並んで、ハモニカ横丁が際立って形容される背景に、周辺の変化があるだろう。吉祥寺がしばしば「住みたい街ナンバーワン」と呼ばれるのは、情報誌『東京ウォーカー』の「住みたい街ランキング」で二〇〇五年から連続一位であることが大きいが[※3]、現在のように幅広い世代を対象とした住宅地であり、来訪者も多い商業地でもあるという興隆は、高度成長期に策定され、一九七〇年前後から実施された百貨店誘致や道路整備事業に基礎付けられている。吉祥寺は戦後の都市計画の産物でもある。一九八七年の北口駅前広場の竣工で完成した骨格の上に一九九〇年代以降、さらに住宅地側へと個性的な店舗が展開した。

そんな動きが、かつての中心へと還ってきたのが、現在のハモニカ横丁の姿と言えるかもしれない。今日の飲食店街のイメージへの大きな転換点となったのが、一九九八年の「ハモニカキッチン」の開業であることは、この変化に肯定的な人にも否定的な人にも共有されている。[※4]駒沢の人気カフェ「バワリーキッチン」の内装を手がけた形見一郎を起用して同店を生み出した手塚一郎は現在、ハモニカ横丁内に一三店舗を展開している。その中のおでん屋「エプロン」はアトリエ・ワンの塚本由晴によるデザイン、焼鳥屋「てっちゃん」は隈研吾のインテリアだ。さらには吉祥寺を飛び出し、隣の三鷹駅前でビルをコンバージョンした「ハモニカ横丁ミタカ」をマウント・フジ・アーキテクツ・スタジオの原田真宏らの設計で開業した。

これは商業主義が古き良き昭和を食い尽くす最終段階なのだろうか。あの懐かしく変わらない横丁はどこに行ってしまうのか。

理性はそう嘆こうとする。でも、現在のハモニカ横丁を訪れると、変わり続けるものにワクワクして成長してきた心は騒ぐ。光と闇、ぞんざいと繊細、古びと新味のあまり見かけない塩梅に身体は反応する。例えば大阪で、札幌で、那覇で、ブルックリンで、リスボンで、メルボルンで、似たような印象を受けた記憶が蘇る。

そして、この感覚を表す言葉がないことに気づき、愕然とする。まずいのではないか。

こうした空間を懐かしみ、ただ駆逐されるのを待つのではなく、つくれないといけない。いまだに足りないのは、そのための作業だろう。インタビューした対象を記録するだけでなく、触発し、言葉を引き出すこと。目の前の物を数量的に捉えるのではなく、五感で掌握し、その場でつくった論理の網で見返すことが必要ではないだろうか。

そこで、今のハモニカ横丁をつくることに関与した形見一郎さん、原田真宏さん、塚本由晴さんにお会いし、横丁で生まれた考えを開示していただいた。隈研吾さんには論考を書き下ろしていただき、訪問記で応えた。すでにあるものに、いかに関わるか。インテリア、建築、まちづくりを横断した、これからのデザイン思考が浮かび上がるだろう。

吉祥寺との関係も深い三浦展さんには、「いま・ここ」から参与的に観察する本書の射程を広げていただいた。『下流社会』『ファスト風土化する日本』『第四の消費』をはじめとした数多の著作が新たな像を結んだのも、ハモニカ横丁のマジックだ。

手塚一郎さんには一種のアーティストとして尋ねてみたいと思った。そのような取材が可能だということ自体が、現代のビジネスに対して示唆的ではないか。すべての対話に同行いただき、事実関係を補っていただいた。また模型や図面をできる限り集め、ヒューマンスケールの横丁や路地への関心にも応えようとした。横丁写真集としても、熱い人間の息遣いを冷静な建築的手法で捉えた。懐古では遅すぎる。記録しないといけない。

さあ、ハモニカ横丁に分け入ろう。ここでは瑣事《さじ》と大事、過去と現在、主体と客体も溶け合い出すに違いない。酩酊しているのではない。「横丁の思考」でありたいだけだ。

註
※1　橋本健二・初田香成編著『盛り場はヤミ市から生まれた』青弓社、二〇一三年
※2　井上健一郎『吉祥寺「ハモニカ横丁」物語』国書刊行会、二〇一五年
※3　斉藤徹『吉祥寺が「いま一番住みたい街」になった理由』ぶんしん出版、二〇一三年
※4　桑原才介『吉祥寺 横丁の逆襲』言視舎、二〇一一年

目次

ハモニカ横丁地図　○○二

はじめに　理性と野生と横丁と　○○四　倉方俊輔

総合芸術としてのハモニカ横丁　○一○　手塚一郎

「ハモニカ的」を都市に呼び戻せ　○四六　隈　研吾

ハモニカキッチンから始まった　○五八　形見一郎

ハモニカ横丁を生成する　○九○　原田真宏

横丁から始まる静かなる革命　一二六　塚本由晴

ハモニカ横丁に問いかける　一六四　三浦　展

「てっちゃん」訪問記　煮込まれた建築の神髄　○五六

あとがきにかえて　横丁からの「現代ワーク」　二一○　倉方俊輔

編者略歴　二三○

写真クレジット　二三一

闇の中に挿入された真っ白な箱 〇一六頁
動きながらつくり、変えていく 〇二一頁
先鋭を大衆化させる大資本 〇二五頁
フランチャイズから逃れる 〇三一頁
初原的な商売のかたち 〇三五頁
手塚式経営手法 〇三七頁
チャンス・オペレーションを鍛える 〇四一頁

総合芸術としてのハモニカ横丁

手塚一郎

手塚一郎《てづかいちろう》

1947年、栃木県生まれ。1972年、ビデオ情報センター設立。国際基督教大学卒業。1981年、ビデオインフォメーションセンター設立。1979年、吉祥寺にてビデオ機器、メディアソフトの販売店「VIC」オープン。1970〜80年代、数多くの舞台作品を記録映像として撮影。1998年、「ハモニカキッチン」開店。現在、ハモニカ横丁内13店舗（うち12が飲食店）、世田谷区北沢1店舗、渋谷区道玄坂1店舗のほか、全28店舗を展開。

お酒
たばこ
やきとり
清酒
多満自慢
タマジマン
美舟
ホッピー

ハモニカ横丁中央通り

お酒
たばこ
CIGARETTE
©2014 Kappa sh**t Productions

闇の中に挿入された真っ白な箱

倉方 手塚さんはこのハモニカ横丁で現在一二の飲食店を営んでいますが、その筆頭が、一九九八年にできたハモニカキッチンですね。あの真っ白な空間は、暗いハモニカ横丁の中で異彩を放っていました。

手塚 当時、この横丁は夜になると居酒屋がいくつか営業している程度で、真っ暗だったからね。僕はここでビデオ機材やテープの販売店を営んでいたのだけれど、二階が空いていたから仲間と一緒にバーの真似事をしてみた。これが最初のハモニカキッチンです。週末だけの営業だったんだけど、結構楽しかったんですよ（笑）。その後向かいのお茶屋さんが閉じたので、そこもハモニカキッチンにすることにした。こういう真っ暗な横丁に、青山あたりにありそうなお店をポツンと入れると面白そうだと思ったんです。シャッター通り化していたから何でもできそうだったしね。そこで、駒沢のバワリーキッチンを手がけた形見一郎さんに相談してつくったのがハモニカキッチン新店（二〇〇〇年）。ローコストでいかに格好いい店にするか、形見さんは相当研究してくれたと思う。その後、隣に焼鳥屋てっちゃん&フードラボ（二〇〇三年）、モスクワ（二〇〇六年）と出店していきました。

倉方　どうして焼鳥屋をやろうと思ったんですか？

手塚　隣の店主に「お店を畳むからここを借りないか」と言われて考えたのが、「食べる」「売る」という食を総合的に扱う「フードラボ」です。キッチン用品や食材、お酒を売り、さらに一階では焼鳥屋もやろうと。映画『ブレードランナー』に出てくる横丁には、暗い闇と打ち水された道に光が反射し、煙があふれている。あれを観て、焼鳥で煙を出してみたいと思ったんです（笑）。でも、うまくいったのは焼鳥屋だけで、物販は難しかった。コンセプトはつくれても、形にするのは大変ですね。

倉方　事業形態が決まって、お店の形ができても終わりじゃない。

手塚　むしろ、そこからが真剣勝負。その中でも焼鳥屋はうまくいって、土日になると満員でお客さんが入れないような状況になってきた。そこで、ハモニカキッチンとの間の壁を抜いて拡張することにしたんです。その時にお願いしたのが、建築家の隈研吾さん。

　当時、すでに一三店舗を運営していたんだけれど、どうしても自分たちの枠から抜け切れないと感じていたんですね。何か面白いことをやりたいと思っていたら、建築

焼鳥「てっちゃん」の壁面は
テリー・ジョンスン(湯村輝彦)氏によるアートワーク

ハモニカ横丁 手塚氏が手がけた店舗の変遷

1998年

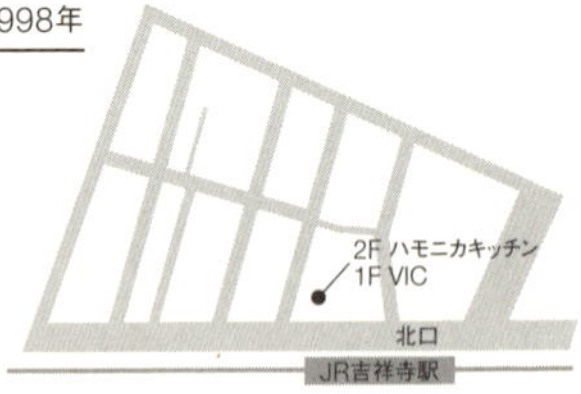

2000年

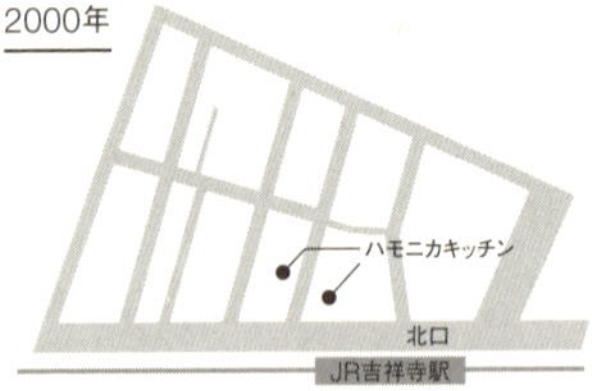

2008年

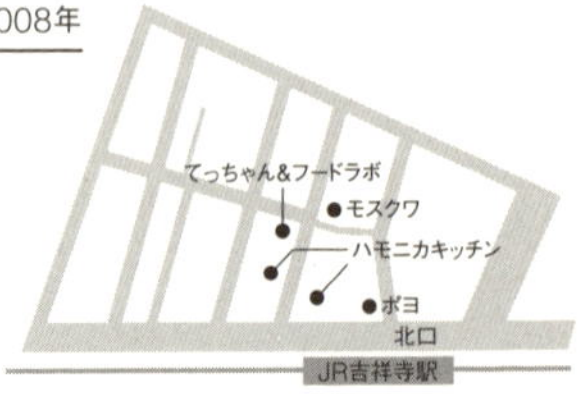

2016年

ジャーナリストの淵上正幸さんが現れて、隈さんならやってくれるんじゃないかと言い出した。慌てて企画書を書いてお願いしたら、本当に引き受けてくれた。びっくりしましたね。さらにもっと面白いことができないかと、イラストレーターのテリー・ジョンスンさんに壁面と提灯をお願いした。

倉方 やんちゃな絵ですね（笑）。

手塚 これでもテリーさんは自制しているんですよ。本当はもっと激しくする予定だった（笑）。ポップで明るいというのがこの横丁に合うなと。

売れているお店を増築するのは、非常にいいやり方なんです。猪瀬直樹の『土地の神話』によると、アメリカのメーシーズが増築を繰り返している様子を見た小林一三は、経営というのはこういうふうにやるんだと部下に語ったそうです。たしかに、お店を大きくするなら、違うところで始めるのではなく、増築すればいい。経営上、安全なんですよ。

店を開こうと思ったら、まず物件を探す。いい物件は取り合いになるから、見つけたらすぐにお金で押さえる。そこから家賃が発生するから、すぐに内装を決めなくてはならない。お金が生じる仕組みに対応して、一カ月くらいの間にバタバタバタッとつくっていくんです。そんな状況だから、内装はどうしても何かのパクリみたいなものになりがちで、なかなか新しいものが出てこない。インテリアの人は、短時間に膨大な案件をこなさなくてはならないから大変だろうと思います。

その点、建築の人はゆっくりしていますね。塚本由晴さんに「エプロン」（二〇一二年）をお願いしたとき、時間の流れ方がずいぶん違うと思いました。

倉方 塚本さんにお願いしたのは、どういうきっかけですか？

手塚 塚本さんが学生を連れて、ハモニカキッチンを見学していたんですよ。そのときに名刺交換をしたのが最初の出会い。その後、おでん屋をやることになったとき、建築家なら僕にわからないことをやってくれるんじゃないかと、塚本さんに相談したんです。

工事が始まり、スケルトンだけが残った現場の前で、塚本さんがジーっと黙って立っていた様子は印象に残っていますね。僕は不思議に思って、「どうしたんですか？」と聞いたら、どうしてこれが立っているのかわからないと言う。建築家にしてみたら、建物の体《てい》をなしてなかったんでしょうね。そのあと鉄骨を入れたらちょっと安心したようでした（笑）。

動きながらつくり、変えていく

倉方 手塚さんは大学で美術を専攻していたんですよね。

手塚 ドラッカーを勉強しようと思って、ICU（国際基督教大学）に入学したんだけど、英文だらけでちっともわからなくて（笑）、美術に転向したんです。卒業論文では、ミースの建物からマルセル・デュシャンの作品、ジャン・ピアジェの発生的認識論、さらに入沢康夫まで引用しながら、わけのわからないことを書きました。タイトルは、「同じものが二コ、パラノイアパラノイア」。

高校時代はテニスと書道をやっていたんだけど、当時活躍していた岡本太郎にも影響されて（笑）、アクションペインティングみたいな手法に傾倒しました。巨大な字を書く感覚とスポーツは似ているんですよ。でも、ひとりで大きな字を書いていると、ストイックな状況に陥ってきて、このまま続けていると頭が狂ってしまうと思った。それで、大学では演劇をやりました。みんなでつくれるからね。

大学では舞台づくりや演出をやっていたんだけど、劇団四季みたいな舞台装置を中途半端に再現しても面白くない。それで、映像を使った実験的な演劇を試みました。大学の視聴覚室にあったオープンリールのビデオデッキとカメラを使えば簡単に撮れるんですよ。これは使えると思い、牧師さんからお金を借りて、当時、五〇万円もしたソニーのポータブルパックを購入して、学内有線テレビを始めました。演劇や舞踏の舞台を記録することは意味があると思ったんです。卒業後もそれが仕事になったから、会社をつくった。それが「ビデオインフォメーションセンター（ＶＩＣ）」。就職するのは格好悪いと思っていたからね（笑）。

倉方 大組織の一員にはならねぇと。団塊の世代の初心を見事に貫いた（笑）。

手塚 唐十郎の舞台を撮影するとき、どうしてビデオなんか撮るんだ、俺は動いていて、この瞬間がすべてだと言われました。それは正しいんです。たしかに映像と現場は違う。今も、こうやって倉方さんと話をすることに注力するのが大切だと思っています。でも、文字よりビデオのほうがより現場の近似値を記録できる。一九七〇年代、美術家の菅木志雄さんにインタビューしたことがあるんだけど、先日久しぶりにその映像を見たら、彼の大阪弁と僕の栃木弁が入り混じっていることを発見した（笑）。これは文字だけでは伝わらないでしょう。

ビデオ機器、メディアソフトの販売店「VIC」。
この2階でハモニカキッチンがスタートした

撮影の仕事がもうかった時期もあったんです。でも、当時は一時間のビデオテープが一万円もするから、どんなに働いてもテープ代に消えていく。月給五万円くらいにしかならないんです。

倉方 それで、ビデオ関連機器の販売を始めたんですね。

手塚 ビデオが普及して、誰でも撮影できるようになったからね。店は軌道に乗り、雑貨や外国家電の店も出しました。当時は海外の家電は珍しかったし、日本のものに比べてデザインも多様だから注目されたんです。雑誌やテレビで取り上げられて、電機メーカーの戦略チームがワーッと見学に来て、バシャバシャッと写真を撮っていった。

でも、九〇年代後半になると価格競争が激しくなり、ヨドバシカメラやビックカメラみたいに商売しないと生き残れなくなった。僕はそういうのをやる気はまったくないからやめたんです。

先鋭を大衆化させる大資本

手塚　僕は飽きっぽいんですよ。先鋭だけを楽しみたい。でも、どんなにアヴァンギャルドなものでも、それが広がると大衆的になっていくじゃないですか。

倉方　芽があるとなると、大組織がワッとそこになだれ込んで、平準化していくスピードって、今とても速いですよね。

手塚　そう。ここでできたから同じことが別の場所でもできると思うわけだろうけど、それは結局、大衆的なレベルでしかできないんです。

　それに、時間をかけないとできないことがある。草木は時間が経たないと育たないし、馴染みのお客さんをつくるためにも時間が必要。それをあっという間にできると考えてしまうから、面白いものができない。どこに行ってもどこかで見た風景、どこかで見たやり方ばかり。だから自分でやるしかないんです。僕の原動力は、飽きていることなんでしょうね。

倉方　こうした横丁が論じられる時には、戦後のヤミ市から「自然発生的」に生まれたものが、

Coca-Cola
募集してま
090-3232-9351 VIC
吉田類がやってくる
吉田類とカンパイしよう
9月11日（金）
午後7時〜8時
会費4000円（税別）
ピンチョス
6日

ハモニカ横丁中央通りの角に建つ「モスクワ」

やがて大手資本によって均質化されるという、言語化された理性で捉えた話に終始しがちです。大きなベクトルはそれしかありえない。けれど、終末を遅らせることは可能だし、その間で無限に楽しむことはできるでしょう。手塚さんのその手法が知りたいんです。

手塚 地球上では、約七〇億の人間が同時にうごめき合っているんですよ。同時に生きている七〇億人が動く方向なんてわかりようもない。だから僕は開き直ったんです。自分のことだけはリアルに感じることができるから、自分の中で起きることに、正直に少しずつ対応していこうと。

店は一種の総合芸術です。建築とインテリア、音楽、食事、いろんなものをかき混ぜながら、一〇〜二〇の仕掛けをつくり、偶然的な出来事をつくっていく。でも、お客さんが気づくのはそのごく一部。

倉方 でも、だから何度も来たくなるんでしょうね。ほかにも何かがあるんじゃないかと、言語化された理性ではない部分が反応する。

それは映像で撮られた演劇と似ているような気がします。それはたしかに、一回限りの演劇そのものではないけど、文字に書き起こされて、読んだ人全員の理解がほぼ一致するものでもない。店も同じ。壁の絵を眺めているとこういう店だと思うし、反対側に腰掛けて近くを見ているとまた違う。一〇人いたら一〇人に異なる理解があるはずです。店は形態としては固定しているけれど、その都度違うリアルが生成される媒体。映像が何度も再生されるように、何度も来たくなります。

手塚 そこが面白いところですよ。

倉方 最近、いろいろな本を読んで、建築家にもひねくれている奴がいることを知ったんだけど、その筆頭は磯崎新さんですね。大きなところには属さないと言うのは、見栄を張っているだけのようにも見えるけれど（笑）。

手塚 磯崎さんは、言語化された理性にからめとられないテクニシャンです。デュシャンではないけれど、非作品を作品にするという技を使っている。

倉方 すべてが建築と言えるという時代になった。

手塚 逆に、すべてが建築ではないとも言えます。でも最近、そういう言語が安易に使われすぎて、薄っぺらになってきた。それは、磯崎さんのような絶望をくぐり抜けていないからだと思うんです。チェスばかりやっているデュシャン同様、磯崎さんも絶望しているから、一九七〇年代以降、つくっているようでつくっていない。

寿司屋「片口」

ハモニカ横丁を三鷹につくる試み「ハモニカ横丁ミタカ」

手塚　デュシャンを混乱させるようなことがやりたいですね。磯崎さんは「かいわい」にも言及しているし、うちのお店も頼んでみようかな（笑）。

倉方　磯崎さんは大きな物語を否定した建築家だから、可能性はあるかもしれませんね（笑）。

フランチャイズから逃れる

倉方　ハモニカ横丁ミタカ（二〇一三年）は、ハモニカ横丁を別のところにつくる実験だったということですが、ここでのやり方には普遍性があると思いますか？

手塚　あそこができてもうすぐ三年になるけれど、こういう横丁をつくってくれないかという話が何度かありました。フランチャイズの仕組みにはまりそうだったんです（笑）。採算を取るためだけに計算するなんて、面白くないのでやりませんでした。この場所、ここにいるこの人たちという、一回限りのマーケティングは演劇的でもあるんです。それに、ここのテナントは家賃を吉祥寺の半分にしているから、採算を取るのはきつい。僕は、若い人たちが勝手なことができる仕組みをつくりたいと思っているんです。これはフランチャイズじゃできません。

倉方 横丁のもつ空間性を再現すること、そして、安い家賃で使える仕組みや新しいことができる場をつくるというのは、方向性が全く違いますよね。

ハモニカ横丁を別のところにつくるとテーマパークみたいになってしまう。横丁を知る人なら、それを危惧してやらないと思うんです。でも手塚さんは、あえてそこに突入していく（笑）。

手塚 無謀ですよ。だれかが突っ走って生け贄《にえ》にならないといけないと思ったんです。

倉方 横丁のゴチャゴチャした空間は、家賃を含めた営業的な条件から成り立っている。その結果として、焼鳥の煙がもうもうと立っているわけですね。大資本は、その結果に現れている形だけを真似しようとするから、どうしてもラーメン博物館のようなテーマパークになってしまう。横丁になり得る必然性があれば、同じ質の空間を生み出す可能性はありますね。

二一世紀に入ってから、個別性をコントロールする技術が特に進んだのがファッションと飲食だと思うんです。居抜きで借りた場所で、数年単位で店を変えていく。そういうビジネスモデルでも成立するようになって、ある種の平準化が進んだ。一見別々

手塚　の店舗のように見えても、資本は同じだったり。

今フランチャイズ的に展開している自家製ビールの店「中野ビール工房」が開店したとき、すぐに行ってみたんですが、ウリにしているはずのビールが美味しくなくてがっかりしたんです。でも、先日行ってみたらすごく美味しい。不用意にコメントできないと思いましたね。

店内にはＩＫＥＡの家具が並んでいてカウンターも手づくりっぽい。あの素人っぽさにも親近感を覚えた。高円寺や西荻窪にも展開しているけれど、それぞれ手づくりしているから一軒一軒違う。プロが見たらいい加減にしろよと言われるくらいチープなんだけど、それが面白い。行けばわかりますよ。

倉方　インターネットの評価を逃れ続けることが、今の課題かもしれませんね。ある時点での評価がすべてだと思われてしまうと、現地に行ったときに発見がない。でも、そうやってメニューも変わり、内装も変化する店であれば、三年前のデータなんて信用できない。ネット時代の情報はどんどん蓄積するから、何か問題が起こると、その情報がずっと残ってしまう。だから、どうしてもみんな平準的にならざるを得ない。でも、常に変わっていく店であれば、ネットの情報なんて信用しなくなる。

初原的な商売のかたち

手塚　先日、「コストコ」で買ったパンを横丁で売ってみたら、一四〇人ぐらい並んで、一時間半で店がすっからかんになったんです。これは売れると、また仕入れて売ったんだけど、今度は五〇〇袋余っちゃった（笑）。売れ残りを揚げパンにしてみたら、けっこう美味しかったですけどね。
　コストコはホールセールクラブ（会員制の倉庫型店舗）だから、再販オーケーなんです。このシステムは誰が思いついたのだろうと少し調べたら、コストコはたいてい米軍キャンプの近くにあることに気がつきました。大量のパンの袋詰めや大きなソファとか、日本では売れそうもないものをたくさん売っているけれど、あれは、アメリカ人が買っていくんでしょうね。アメリカは軍を派遣するとき、食べ物から家具まで何でも持っていく。しかもすごく安く売って、もうけようともしていない。すごいと思いますよ。

倉方　そういうモデルなんですね。

手塚　この横丁でコストコのパンを売っていると、「お、コストコがここにも出店してきのか」なんて言っている人がいますからね（笑）。全然わかっていない。

ＩＫＥＡのものをＩＫＥＡで売る。伊勢丹にしかないものを海外に持って行って、現地の伊勢丹で売る。それは、ＩＫＥＡや伊勢丹という価値を売っているということです。だから、僕らはＩＫＥＡで売っているものを売ることはできないと思い込んでいる。でもそれは違う。ＩＫＥＡで買ってきて売る、新宿伊勢丹で買って吉祥寺で売る。それでいい。

倉方　初原的な取引が成立するということですね。横丁の話をしていたのに、どうしてコストコの話になるのかと思ったんだけど（笑）、そこでつながるんですね。

ヤミ市というのは、一本いくらのものを三本まとめて仕入れて売ったら、これだけもうかる、という初原的な取引が成立していた。横丁は、そういう商売のあり方を背景に生まれてきている。

手塚　僕は蚤の市やバザーが好きなんですよ。もともと一〇〇円程度で手に入れたようなものを三〇〇円くらいで売っているようなおばちゃんもいて、楽しいですね。捨ててもいいようなものを拾ってきて売る、こういう楽しみ方があると気づかされる。

倉方　柄谷行人がマルクスの言葉を借りて言うところの「命がけの跳躍」ですね。何を考えているのかわからないような相手に対して、その瞬間だけ交易というコミュニケーションが成立する。値段が決まり売れるということは、じつはとても不思議なことです。ヤミ市にしても、蚤の市にしても、「市」と名のつくものは、社会の基盤にそんな不思議があるということに触れさせてくれます。

手塚式経営手法

倉方　お店を始めるとき、不動産はどうやって見極めるんですか？

手塚　場所を見るときに気をつけているのは、何もない空間として見ること。そこにある建物や内装に引っ張られないよう習慣づけています。だって、壊してつくり直せば、まったく違うものができるでしょう。

倉方　その場の引き取り方みたいなものが大事なんでしょうね。その場に合うというのは前提ではなくて、結果であるということですね。

手塚　吉祥寺という前提を考えたところで、そもそも吉祥寺が何かなんてわからない。だから、そういう前提はなるべく外して考えます。でも、外せないものがあるんですよね。それは僕が栃木の田舎から出てきて、チビでデブであるということ（笑）。この店のどこかに、自分みたいなものがあるような気がします。

倉方　手塚さんが建築家に頼むのは、自分とは違う血を入れたいということなんでしょうね。こういう方向性にしたいからこの建築家にお願いすることはないでしょう。

手塚　ありませんね。なるべくフラットでいたい。

倉方　一二ある店舗は、どういうふうに切り盛りしているんですか？　現場に任せているんですか？

手塚　それぞれ店長はいますが、じつはあまり任せてないんですよ。メニューも僕が開発して、細かく指示しています。でも、それでは身体がもたない。僕の代わりにチェックしてくれる人が欲しいですね。もちろんジャッジはするけれど、後は現場に頑張ってもらう。
「手塚さんは、どうしてダメな人が好きなんですか」とよく言われるんですよ（笑）。全然仕事のできない七〇歳過ぎのおばあちゃんでも、アルコール依存症の外国人でもどこかで使えないかなと考えるのが楽しいんです。変わった場所、変わった人、変わっ

3F 7席
2F 30席
ランチバイキング
入口は正面です。
München
ビール界の小さな反逆者達！
Tiny Rebel
スタッフを
募集してます
毎週月曜日の12時に面接を行っています
詳しくは店員におたずねください。
①キッチンスタッフ
②ホールスタッフ
③物販スタッフ
Tel:0422-21-8019
月曜日に来れない方は、ご相談ください。
洋食・和食の
料理人さん募集
経験は問いません。
毎週月曜日の12時に面接を行っています
詳しくは店員におたずねください。
Tel:0422-21-8019
月曜日に来れない方は、ご相談ください。
お店貸します。
1日1万円
ミタカ 陸羽
コストコ ホールセール
コストコのパンの日
2/27(土)、28(日)
3店舗同時開催！ 11:00AM～
健康ご飯・ランチバイキング
お一人様 一、二〇〇円【税抜】
ビアホール ミュンヘン
もやしのソース炒め
サバの文化干し
グリルチキン
つけだれは三種類
じゃが芋のそぼろ煮
さつま芋のゴマ揚げ
インゲンの天ぷら
玉ねぎの天ぷら
トマトの卵炒め
キャベツの和風ピクルス
玄米ごはん
白菜の鍋蒸し煮
食物繊維
ゴマ揚げ
インゲンの天ぷら 玉ねぎの天ぷら
の文化干し
グリルチキン
トの卵炒め
が芋のそぼろ煮
の鍋蒸し煮
しのソース炒め
ベツの和風ピクルス
玄米ごはん
汁など
コーヒー
に合わせた手作りメニュー
に変更あり
München
平日 11:30am～3:00pm
入口

たもののつくりに興味がある。新しいものは、見たことがないものだから気持ち悪いと岡本太郎は言っていたけれど、気持ちの悪いものなんて、なかなかない。

唐十郎が状況劇場でやっていた役者の使い方やシナリオの書き方は、参考になると思うんです。彼は個性的な肉体を特権的に使えと言って、たとえば四谷シモンに女装させて、夜鷹の役をやらせた。つまり、四谷シモンという肉体を見ながら、その人の形に合わせて物語をつくるんです。僕もそういうのがやりたいんだけど、四谷シモンみたいな人がいない。みんな普通すぎる（笑）。

倉方　ランボーの「架空のオペラ」みたいに、ここも架空の横丁になるといいなと思っています。もっと観念的なことを刷り込んで、わけのわからないものにしていきたい。そして、それとともに私も去るというのがいいのかなと（笑）。

徹底した反構築性ですね。そもそも建築は、状況を構築化するような仕事です。かつては、てんでんバラバラになってしまう社会を、なんとか収拾させて構築する必要があったから、丹下健三さんみたいな建築家が必要とされていたけれど、今は社会が自然に構築化してしまうから、建築家の仕事がなくなってしまった。

手塚さんはその逆の方向、つまり、構築された社会でそうではない自然の状況の場をつくろうとしている。そのためには、すごいエネルギーが必要ですよ。

手塚 退屈しているから面白いことを形にしたいと思う。そもそも計画的なのは嫌いなんですよ。なるべく行き当たりばったりに生きようとしている。ピンチが好きなんです。

チャンス・オペレーションを鍛える

手塚 事業は継続しなければならないという前提なんて幻想です。実際、一〇〇年以上もっている事業なんてほとんどないでしょう。僕の実家は商売をしているから、それをずっと続けることが当たり前のような世界で育ってきたけれど、今の企業は時勢に合わせて商売を変えなきゃだめだとされている。でも、変わっているようで、同じようにしかならないのが大半。結局、どこか適当になっちゃうんですよね。

それがいやだから、商売の偶然をうまくつかまえるチャンス・オペレーションに焦点を絞りたいと思っています。チャンスがあったときにパッとつかめるようにしておく。それは運動神経みたいなものですね。

倉方　チャンス・オペレーションの準備をしておけと。

手塚　そう。実際は、物件を見て初めて店の内容や収支が動き出すから、行き当たりばったりなんだけど、内装や店の名前は常に考えるようにする。面白いと聞いたらすぐに行ってみる。本や写真だけではわからないから、その経験を増やしていくしかない。いつも新しいことをやっているつもりでも、結局、お釈迦さまの掌から出られないものなんです。自分には限界がある。

倉方　永続させる、倒産させたらだめだと思った瞬間に、見えなくなることもあるでしょうね。

手塚　無責任な言い方かもしれないけれど、失敗してもいいと思っているんです。日本の株式会社は、倒産したら保証人の財産がなくなってしまうけれど、アメリカでは日本の制度と違い、何度でも失敗できる。日本の仕組みも変えられるといいですね。

僕ら団塊の世代は、戦争に負けて民主主義をたたき込まれて育ったけれど、現実の社会で、多数決みたいな仕組みはほとんど機能していない。ハモニカ横丁の商店会には、規約も名簿もなかった。そういう場所で闘うためには、民主主義的なルールをもち出して、情報を公開するよう迫るんです。

一方で、政治は公平性みたいなものばかりにとらわれている。助成金の話がくると、

倉方　商店街の中で売れないところに使おうとするんだけど、そんなふうに使っちゃダメなんです。売れないところは切る。売れるところにお金を出してもうけさせるのが助成金であるはずなのに、完全に転倒していますよね。

その場所に住み続けるという人間の欲求を、政治は保護しようとしますからね。多数決で決めたことにしたがうというのは、民主主義というより総体主義ですね。それは大量生産型の社会には適しているかもしれないけれど、それが巨大化して、均一的になった社会では、むしろゲリラ的にやっていくしかないのかもしれない。

手塚　戦後から一九四七年まで、憲法もなく無法地帯だったとき、ヤミ市ではみんな好き放題やっていた。ヤミ米から泥棒、殺人など、ヤミ市には暗い歴史が残っているんです。アメリカ民主主義なんてくそくらえという、あの無法地帯にいくのが僕の夢ですね（笑）。

倉方　以前、手塚さんは「コミュニティ」という言葉が嫌いだと言っていたけれど、山あり谷ありの世界でどう闘っていくのか。その秘密や仕掛けが、ハモニカ横丁の中にあるように思います。

手塚　これから面白いのは、外国人だと思いますよ。うちのスタッフの半分は外国人だから、言葉も通じないような関係性の中で仕事をしています。字があまり書けないような奴もいるから、言葉に頼らないコミュニケーションの方法を編み出していかないと喧嘩になる（笑）。こわいですよ。日本の飲食の世界にエリートは来ないからね。外国人を引き受けないと未来はありません。

倉方　それが横丁じゃないかと思うんです。横丁についてまわる言葉が、人情やコミュニティばかりであっていいのかと。手塚さんは、そんな時間が偽装してしまったものではない、固定化された初原に積極的に飛び込んでいるじゃないですか。さまざまな国籍の人間が行ったり来たりして、働いたり、飲食したりする。じつはそこには何のつながりもないんだけど、ある場所で、物を介して一瞬でもわかり合えた気がする。戦後のヤミ市が備えていたような、物質以外は共通のものがない孤独と、だからこそ交易や理解がどう発生するかはわからない自由とが表裏一体となった状態を、まったく異なる役者とセットとで垣間見せようとする。そう思っておられるから、手塚さんの採用する外国人の従業員も、介入させている建築家やデザイナーも、「自然発生的」なもののように捉えられるのではないか。だからこそ、突き詰めて言えば、絶望的にコミュニケーションが成立していなくて、自由であることの魅力をここで僕は感じるんですよ。

「ハモニカ的」を都市に呼び戻せ

隈研吾

隈研吾

くまけんご

建築家

1954年、神奈川県横浜市生まれ。1979年、東京大学大学院工学部建築学科修了。1990年、隈研吾建築都市設計事務所設立。コロンビア大学客員研究員、慶應義塾大学教授を経て、現在、東京大学教授。主な作品：森舞台／登米町伝統芸能伝承館（1997年）、那珂川町馬頭広重美術館（2000年）、根津美術館（2009年）、中国美術学院民芸博物館（2015年）ほか。主な著書：『建築家、走る』（新潮社）、『自然な建築』（岩波新書）、『負ける建築』（岩波書店）ほか。

建築の保存、再生プロジェクトには、いくつか携わった。代表的なものといえば、歌舞伎座の再生、東京中央郵便局の再生、そしてこの吉祥寺ハモニカ横丁の焼鳥屋・てっちゃんである。前の二者と比較して、てっちゃんはいかにも小さく、性格からいっても、「たかが焼鳥屋」と、とまどう人もいるのかもしれないが、僕にとっては三つ併記したくなるほど重要で貴重なプロジェクトであった。

このハモニカ横丁のような空間こそが、日本の都市空間の中でも最も魅力的な資産であり、世界に誇るべき空間であると考えるからである。歌舞伎座が世界に誇れるものであることは当然のことであるが、それとは全く別の意味で、ハモニカ横丁の継承は、世界に類例がない。その戦後ヤミ市的なスケール感、ノイズ感が、戦後七〇年を経て、高度成長も、バブル経済も、不景気も震災も経て、未だにこの大都市の中に残っていたということが、一種の奇跡に思われたのである。

てっちゃんのリノベーションの依頼を受けて、久々にハモニカ横丁に足を踏み入れ、カウンターでオーナーの手塚さんと焼酎を傾けた時、僕はこの奇跡に圧倒されて、仕事をお引き受けする決意をしたのであった。

酔いもさめて、次の朝から様々なアイデアを練り始めたわけだが、その時心掛けたのは、あの雰囲気がいかに素敵で陶酔するほどであったにしろ、それにおぼれて、ノスタルジックにデザインすることを避け、逆に、いかに冷静に科学的にあのハモニカ

焼鳥「てっちゃん」

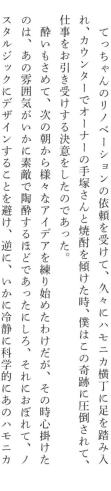

横丁という全体を分析するかということであった。そう戒めて、設計に着手したのであった。

まず、ハモニカ横丁が基本的には木造建築であったということが、決定的に重要であったと僕は感じた。木造のインティメート（親密）なスケール感が、あの空間を特別なものにしている。

歴史的に見れば、日本の都市はすべて木造であった。しかも、小材と呼ばれる、一〇センチメートル角内外の断面寸法、二間（三・六メートル）内外の長さしかない、細く短い材をだましだまし組み立てながら、イレギュラーな柱スパンの、フレキシブルな空間を作ってきた。だから、日本の都市は、石も煉瓦《れんが》もコンクリートも必要としなかったのである。そして、小材だけで構成するということで、山の環境保全システムと建築システムが、シームレスにつながった。小材ならば、特別な森林からでなくても容易に手に入れることができたし、自動車や鉄道のような輸送手段が登場する以前にも、山から切り出して、近くの都市へと運搬することは簡単だった。すなわち、「小さな木＝小材」を媒介として、山は日常生活の一部となり、山と都市とが一体となって、持続可能な環境システムを作り上げていたのである。

唯一の敵が火災であった。江戸は、数十年に一度大きな火災に遭遇し、多くの木造建築は消失した。しかし、その度ごとに、この「小さな木」のシステムによって、驚

ハモニカ横丁を覆う木の小屋組

くべきスピードによって都市は復興し、そこに新たな生活が再建され、都市は、自然な形で新陳代謝を繰り返していた。戦後のコンクリート建築の寿命が、スクラップアンドビルド型経済下で、一説には二〇年であったといわれるのに比較すると、江戸の火災による新陳代謝は、はるかにゆるやかであったということもできる。「小さな木」のシステムは火災さえも取り込んで、ゆっくりときめ細かく循環していたのである。

この「小さな木」のシステムは、第二次世界大戦後、ほとんど完全に都市から消えてなくなった。関東大震災（一九二三年）と第二次世界大戦によって、東京が壊滅的に破壊されたことが原因であった。木はあまりに燃えやすく、都市には不適切な材料であると結論づけられた。建築の法規、消防法もすべて、都市から木を排除する方向へと改められた。日本建築学会ですら、木を建築から排除すべきだという、驚くべき決断を行ったのである（一九五九年の建築防災に関する決議）。

この劇的な「木からコンクリートへ」という転換の背後には、アメリカ、西欧に敗北した日本のトラウマ、コンプレックスが存在したことも間違いない。欧米にいかにキャッチアップするかに日本人は血眼となり、まず手っ取り早い方策は、都市から木を排除してコンクリート化することであった。

それによって、いかに大きなもの、大切なものを失ったかを知りたければ、肌で感じたければ、ハモニカ横丁を訪ねるのが一番いいと、僕は考える。なぜならハモニカ

サッシやカウンター、イスなど
至るところに用いられた
アクリルだんご

横丁は、「小さな木」のシステムが、人間の生活という、多様で猥雑で予測不可能なものを、見事に飲み込み、見事に消化し、コンクリートでは絶対に達成することのできない、温かくて心地良い空間を、保持し続けているからである。

普通は、木造の良さを見たければ、神社や寺に行けとか、いい茶室を見ろとかいわれる。ハモニカ横丁に行けなどとは誰もいわない。しかし、神社仏閣、茶室の類は一種の骨董品であって、木造の技術レベルの高さを学習するにはいい教材かもしれないが、現代人のすべてを飲み込むことのできる、計り知れないほどのキャパシティ、柔軟性を「小さな木」が持つ美しさを見たければ、神社や仏閣、茶室では事足りない。コンクリートの都市の中にあるそのような死んだ骨董を見て、あれこそが木の精髄であるとか、木をわかったとかいっては欲しくないのである。では木のキャパシティ、フレキシビリティはどこから来るか。

ひとつには、小材独特のスケールの小ささである。木だから自動的にスケールが小さくなるわけではなく、日本が育んできた小材システムだから、スケールが人体のスケール（大きさ、長さ、重さ）に近づいてきて、身体に心地良いのである。ハモニカ横丁は、小材を単位寸法として、空間のすべてが構成されているので、身体がそれに自然に反応し、喜んでしまうのである。

そして、さらに重要なことは、木は抽象的な冷たい物質ではなく、固有な表情、テ

ハモニカ横丁仲見世通り

クスチャー、温度を持った生き物そのものであるということである。いわば木自身が生き物という雑音なのであり、その雑音をだましだまし組み立てて作った建築は、さらにどうしようもなく複雑な雑音なのである。神社・仏閣・茶室からは、その雑音が見えにくい。特に教材に使われるものは、完成度、純粋性を基準として選定されているので、雑音が見えにくい。木を誤解させ、木をわれわれから遠い存在だと思わせる「優等生」達なのである。

　だからハモニカ横丁に行かなくてはいけない。そこは木の雑音が空間のベースになっているから、そこにどんな雑音が加わっても、見事に飲み込んでしまって、邪魔にならない。雑音があればあるほど、生き生きしているから、誰もが雑音に対して好意的になり、目くじらをたてない。よくあるコンクリートの再開発ビルの中のショッピングモールと対極的である。そこでは雑音はそもそも歓迎されていない。そこでは店の人がやむにやまれず持ち込んだ雑音は、全く「お呼びでない」といった風情で、いたたまれない表情を浮かべて、さみしく震えている。

　だから、僕はハモニカ横丁の中にてっちゃんをデザインする時、思い切って雑音側に振ってみた。ＬＡＮケーブルのリサイクル材という、ゴテゴテカラーの電線クズのようなものを見つけてきて、それで空間全体を覆ってみた。普段だったら、勇気がなくて使えないようなアクの強い雑音だが、ハモニカならば、楽々飲み込んでくれると

「てっちゃん」二階を覆うＬＡＮケーブルのリサイクル材（もじゃもじゃ）

いう自信があった。

　アクリルだんごと呼ばれる、プラスティックを融かして作ったリサイクル材も持ち込んだ。唯一気をつけたのはスケールである。小材特有の小ささを脅《おど》かさないような可愛らしさで、すべてのデザインを構成したのである。小材スケールを超えないということは、人間の身体という、ちっぽけで弱いものを脅かしたり、おびやかしたりしないということである。そこにさえ気配りがあれば、どんな雑音も、どんなゴミもウェルカムとなる。

　このハモニカ的なるものを、骨董としてでなく、日常の当たり前として、都市の中に回復することが、僕の夢である。ハモニカは、行政の柔軟で志の高い判断によって、奇跡的な形で都市の中に残された。

　しかしこれからは、奇跡や好意にばかり頼ってはいられない。できれば、燃えなくて、地震にも強い「小さな木」の建築を増やしていきたい。幸い、木の不燃化技術、木と異素材のハイブリッド技術は、ここ二〇年で驚くべき進歩を見せている。都市に木を戻すこと、世界をハモニカ横丁化するのは、夢ではない。

アクリルだんごが用いられたカウンターには照明を設置

「てっちゃん」2014年
隈研吾建築都市設計事務所（1階アートワーク：湯村輝彦／フラミンゴ・スタジオ）

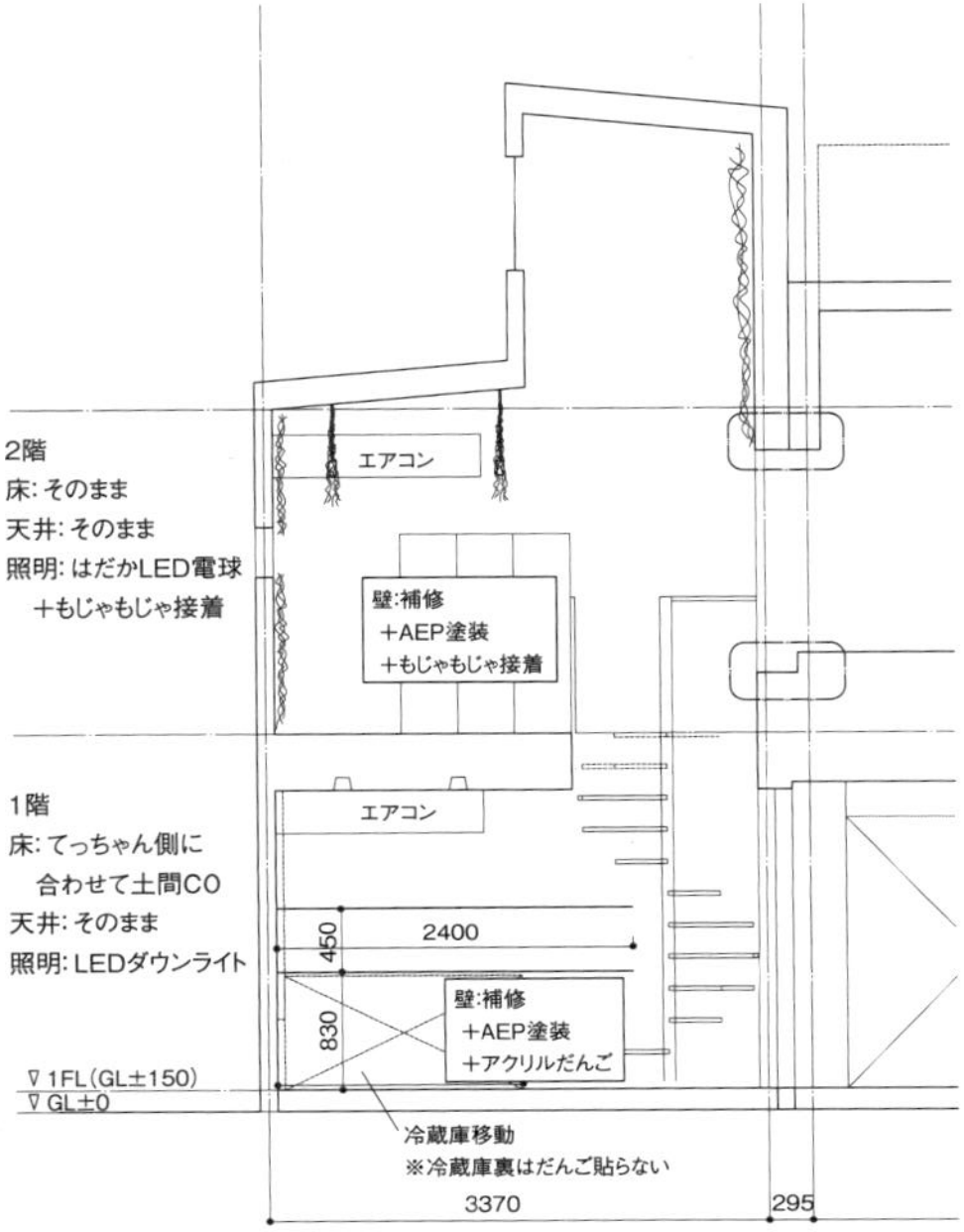

断面　S=1:100

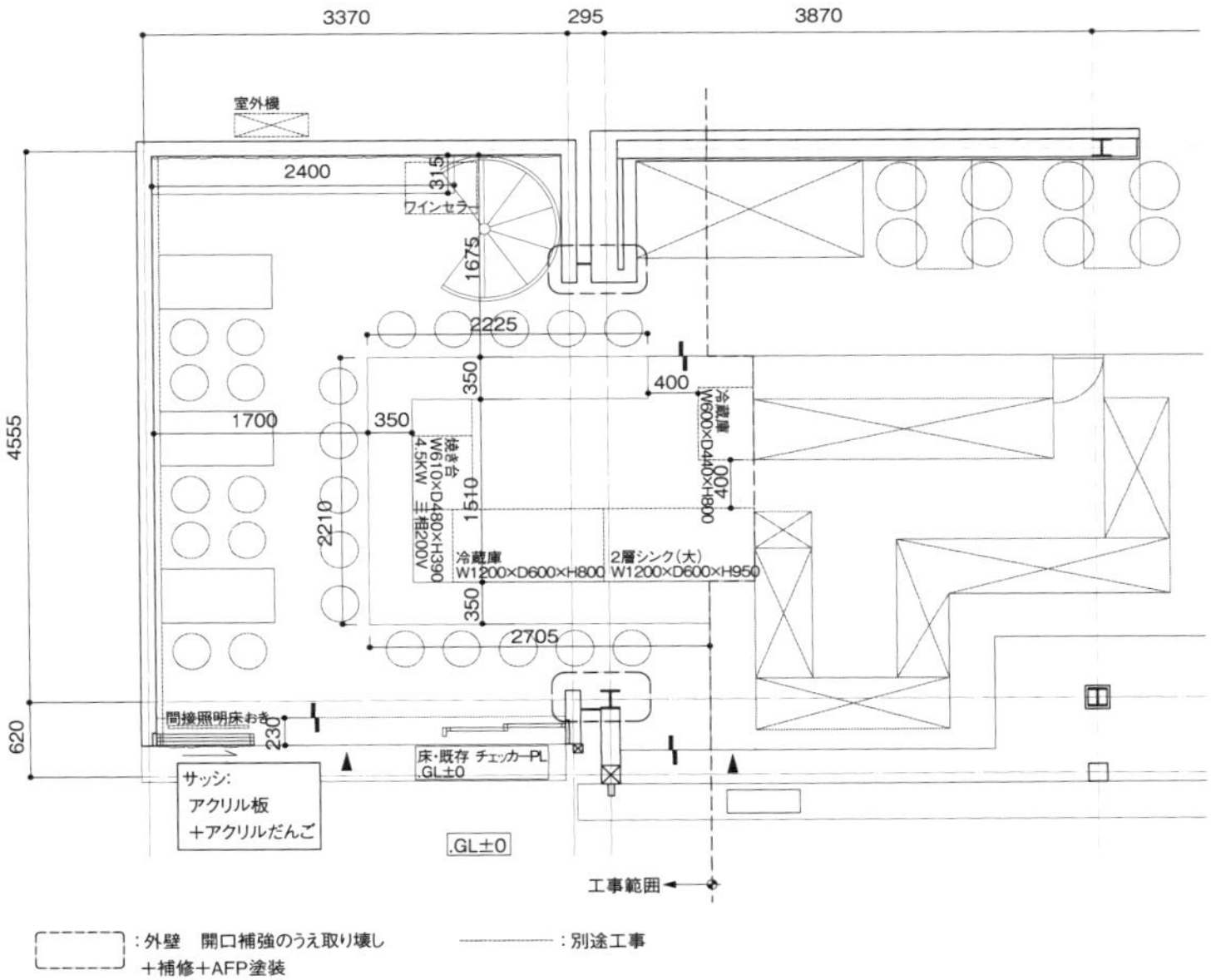

1階平面　S=1:100

「てっちゃん」訪問記

煮込まれた建築の神髄

倉方俊輔

臓物系の料理が自分はけっこう好きで、どこに行ってもメニューにあると頼んでしまう。そんな素材の有効利用が、実は世界各地で連帯している事実に光を当てた上原善広『被差別の食卓』（新潮新書、二〇〇五年）なんか、まさに垂涎ものだ。

なぜ、そそられるか。うまみがあるのはもちろんだが、捨てられかねないものを活用しているという観念も満足度を増すのだろう。内側が露出して、外側になったような見た目も意外だ。

「てっちゃん」に、同様の料理が特にあるわけではないのだけど、そんな自分の嗜好を思い出させる。一言で言えば、どちらも内側が外側だ。インテリアのデザインと言っても、つくられているのは、人を包み込むような内部ではない。屋外で飲んでいるような感覚だ。精緻に見られ方を意識したお化粧ではない。どこに腰掛けても構わないぶっきらぼうさがいい。そんな雰囲気は、素材が与えている。

素材は捨てられかねないものを、上手く利用している。「てっちゃん」のカウンターや座面などを構成しているのは、自動車のスピードメーターカバーの製造過程で排出されるアクリルの塊。二階の室内を覆い尽くしているのは、LANケーブルの導線を取った後に残る被膜樹脂だ。

裏方のまた裏方のような存在に主役を飾らせ

てみたら、こんな見たこともない光景が生まれるのか。まだまだ社会には光が当てられていないものがあるのかもしれない。そんな自由な気分になる。体感的なのもいい。そもそも着飾っていない野生児だから、スケールのヒエラルキーにはまっていない。見つめれば、自分が大きくなったような、小さくなったような気分にもなる。この開放感は、路地に屋根がかかったハモニカ横丁だから成り立つ。体感的であることも、狭い飲みの場の近しさを邪魔しない。

それだけではない。乱暴とも言えるデザインは、捨てられるものも利用し、日の光の下で公言できることのみでつくられたのではないだろうヤミ市の「闇」を露わにしている。いつの間にか政治的に正しい人情話でお化粧された概念を笑い飛ばし、本来の横丁性を露出させる。

二階の素材を図面に「もじゃもじゃ」と書き

入れて、ぐちゃぐちゃに付け、取れてしまっても構わないなんてのも露悪的、反建築的だ。こんな設計者は、きっとメインストリームでないに違いない……。

しかし、あっと驚くのは、この後。写真に収まった作品は、説明不要の美しさになるのだ。一度も現地に来ていない海外のメディアが食いつくのも納得である。説明の論理も同じくらい綺麗に収まって、どこまでも日の光にさらされるネット社会にぴったり。設計の依頼が引きも切らないのが分かる。

一体、どっちが本当なのか？ どっちも本当だろう。たぶん、それが建築。小さな「てっちゃん」には建築家・隈研吾の本領が発揮されている。

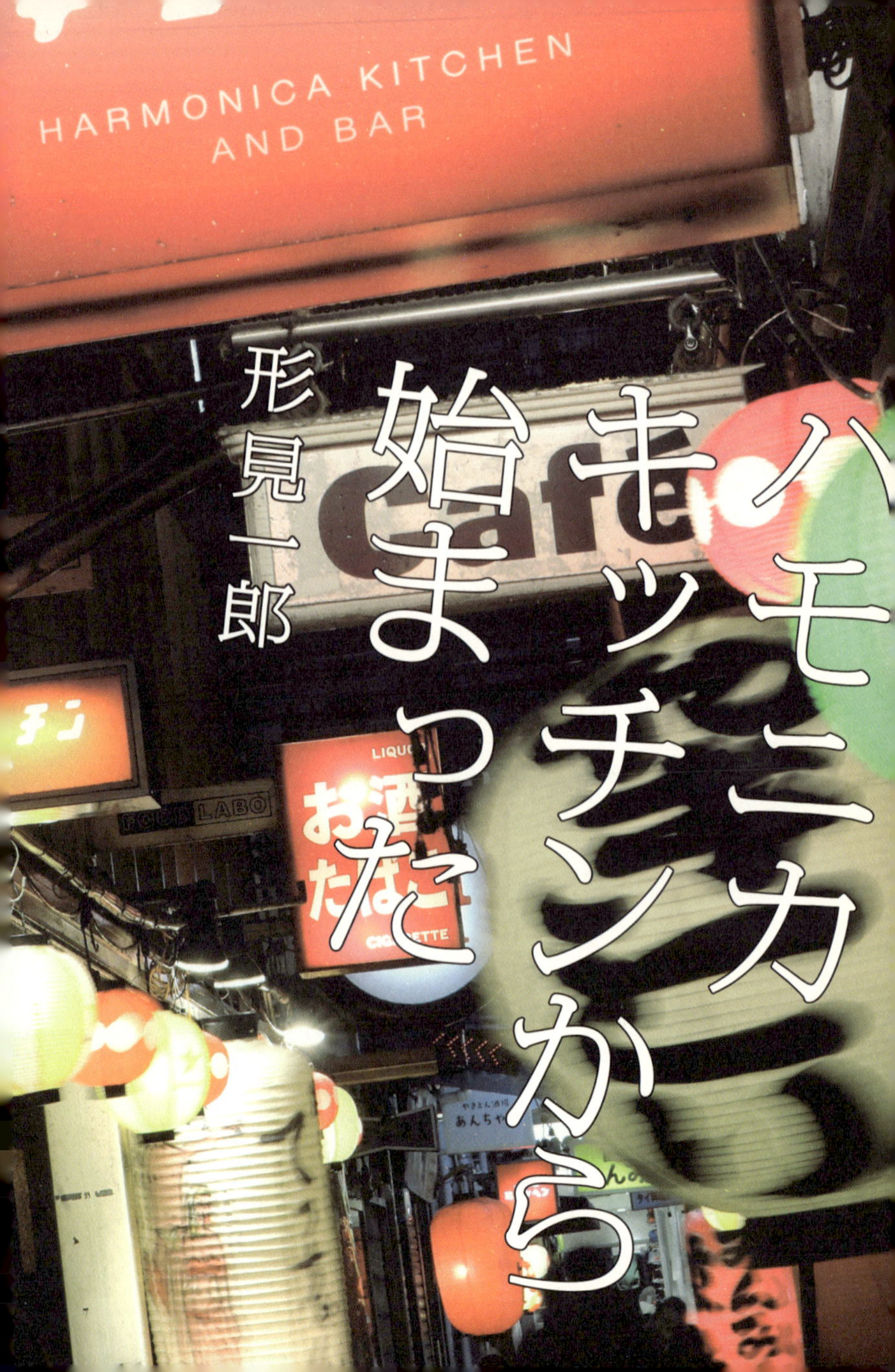

ハモニカキッチンから始まった

形見一郎

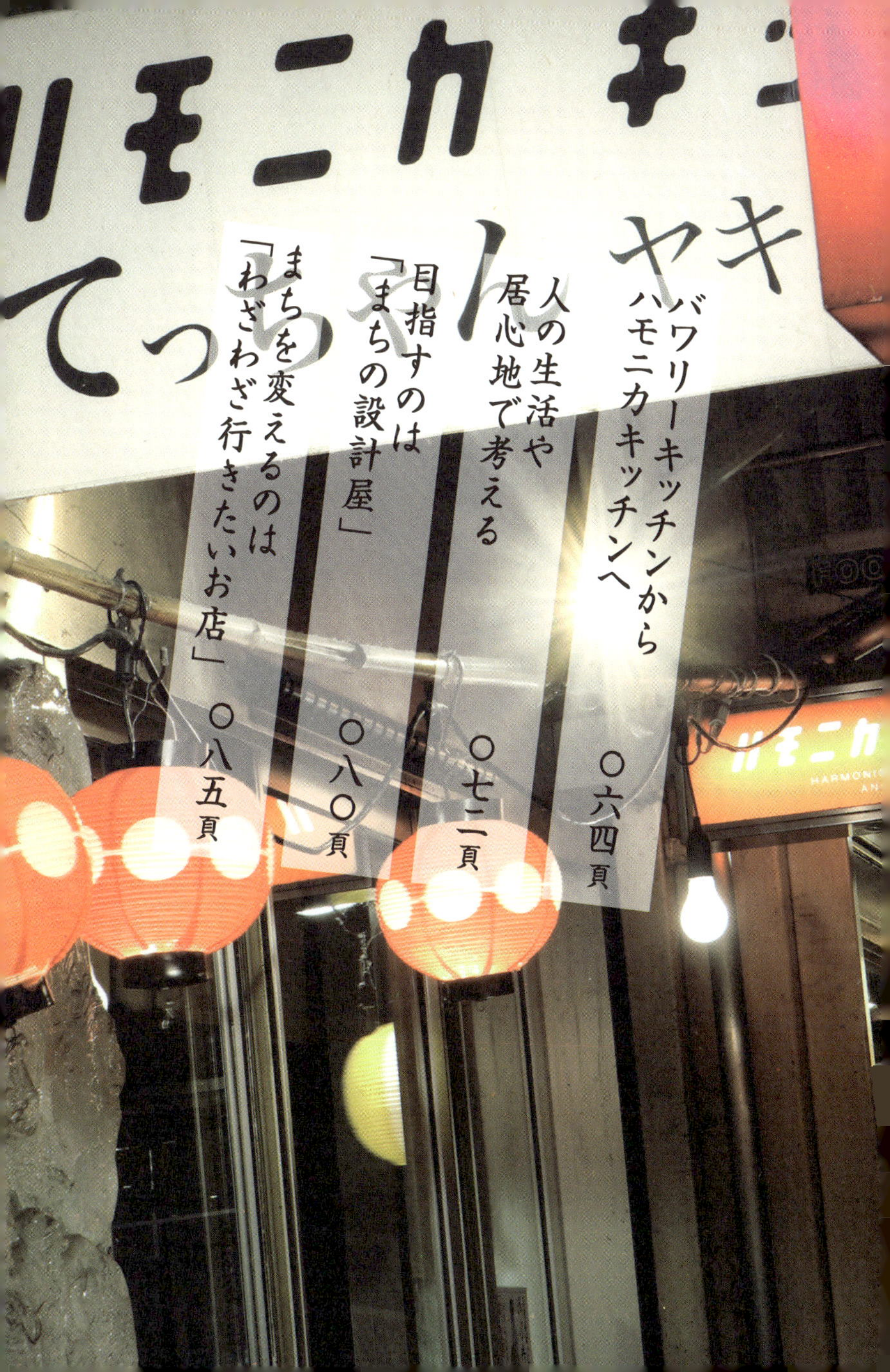

バワリーキッチンから
ハモニカキッチンへ　○六四頁

人の生活や
居心地で考える　○七二頁

目指すのは
「まちの設計屋」　○八〇頁

まちを変えるのは
「わざわざ行きたいお店」　○八五頁

形見一郎

かたみいちろう

インテリアデザイナー

1966年、和歌山県生まれ、大阪市育ち。カタ代表。
店舗デザインを主にトータルなデザイン活動を展開。
2015年10月、永眠。

LIQUOR
お酒
たばこ
CIGARETTE
消火器

「ハモニカキッチン」2階から「フードラボ」を見る。
次頁:「ハモニカキッチン」1階

HARMONICA KITCHEN
YEBISU
WILD TURKEY

バワリーキッチンからハモニカキッチンへ

倉方 今のハモニカ横丁のイメージをつくったのは、形見さんがデザインしたハモニカキッチン（二〇〇〇年）だと言って間違いないと思います。まず、オーナーである手塚さんとの最初の出会いから教えていただけますか?

形見 手塚さんの奥様が、僕が手がけたバワリーキッチン（一九九七年）を気に入ってくださって、手塚さんのご自宅のインテリアを手がけることになったのが、最初の出会いです。

手塚 そう。駒沢付近でバスに乗っていたら、バワリーキッチンが見えて寄り道したんですよ。そのインテリアが面白かったので、マンションの改修をお願いしたんです。

形見 その後、「見せたいものがある」と連れていかれたのが、ハモニカ横丁です。

倉方 当時、形見さんは飲食店をたくさん手がけていたんですか?

形見 いいえ。バワリーキッチンの前はWeb（一九九四年）というクラブのインテリアぐらい。独立する前、設計施工会社に勤めていたころは主に物販店を担当していました。飲食もやってみたいなと思っていたんですが、企業としてはやりたがりませんでしたね。バブル崩壊の当時は少しあやしいイメージがあったので（笑）。

倉方 初めてここを訪れたとき、どんな印象を受けましたか？

形見 鮮魚店や青果店など、いろんな業態がある中で飲食店が増え始めたころでした。たしかに、バワリーキッチンのような世界観がこの横丁に挿入されたら面白いだろうと思いましたね。

手塚 何もない真っ暗な場所を形見さんに見ていただいたときから、今のハモニカ横丁が始まったような気がします。形見さんによるハモニカキッチンができたとき、当時のアルバイトが「手塚さん、これ流行りますよ」と言っていました。そうしたら本当に、若い女の子がたくさん来るようになった。

形見 若い人たちは、今までにないものがここにあると見抜いていたと思います。

倉方 手塚さんは、形見さんのハモニカキッチンができて、どう思いました？

手塚 真っ白い空間、ステンレス、ガラス、アルミがすごくきれいでした。でも隣は鮮魚店だから魚臭い（笑）。この場所とミスマッチしているのも印象的でしたね。

形見 一〇〇〇万円ジャストでつくりましたから、激安です（笑）。

手塚 よく覚えていますね。すっかり忘れていた（笑）。

「バワリーキッチン」1997年
形見一郎／カタ

平面　S=1:150

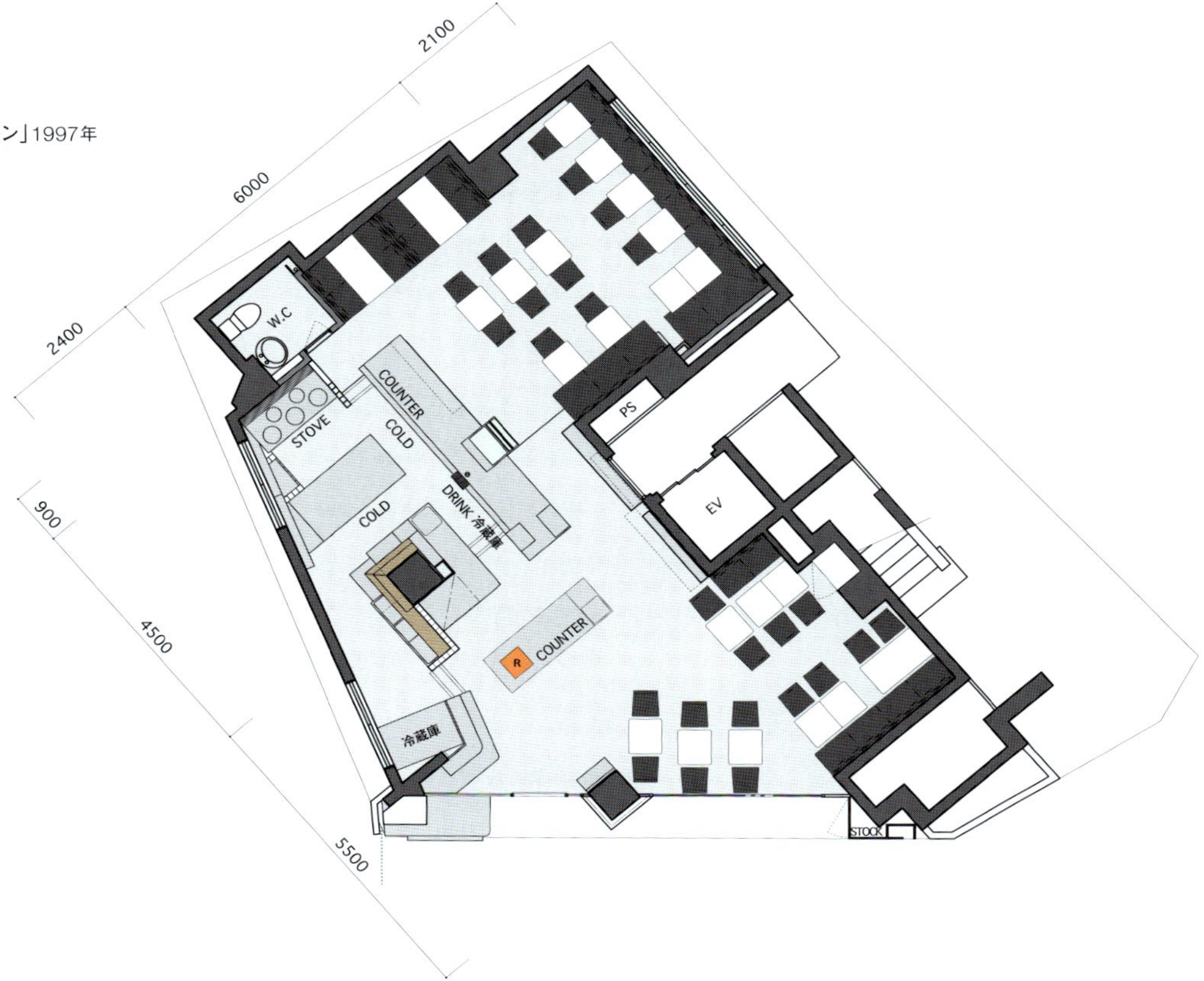

その後ランチバイキングを始めたり、僕らが試行錯誤しているのを見ていた鮮魚店のおやじが、ある日、「手塚さん、この店を畳むからここを借りないか」と言うから、形見さんにお願いしてつくったのがフードラボ（二〇〇三年）という飲食と物販のお店。一階は焼鳥屋（てっちゃん）で、二階ではキッチン用品などを販売しました。

形見 焼鳥屋は流行りましたね。

手塚 あれは成功しました。でも、物販は思ったようにはいかなかった（笑）。

その後に始めたモスクワ（二〇〇六年）、ポヨ（二〇〇七年）、エイヒレ（二〇〇九年）、アヒルビアホール（二〇一〇年）も形見さんによるものです。エイヒレの前のジーパン屋さん（ウエスタン）、片口（寿司屋）の隣の用品店（マリノ）もそうですね。飲食で六つ、物販が二つ。

形見 けっこうつくりましたね。二つの物販店のオーナーさんのひとりは、手塚さんが紹介してくれたんですよ。そして、そのオーナーさんがもう一店舗を紹介してくれた。当時は勢いだけでやっていましたね。今やるかと聞かれたらわかりません（笑）。

手塚 壊してみたらとんでもない構造が出てくるし（笑）。

形見 モスクワの施工中、二階がなくなったときはびっくりしました。指示もしていないのに、施工会社が柱を一本しか残していなくて、二階が傾いてしまった（笑）。

倉方　施工会社が柱を取っちゃった？

形見　そう、取っちゃったんです。ここは治外法権のような場所ですから（笑）。

手塚　朝ここに来たら、「工事停止」の張り紙が貼られていた。そのときの写真は、今も店内に掲示しています（笑）。市からここを更地にしろと言われてしまった大家さんは、慌てて地主さんに相談していました。大変だったようですね。

形見　現在の焼鳥てっちゃんは、誰がやられたんですか？　氷のようなテーブルがありますね。

手塚　建築家の隈研吾さんにやってもらった

平和通りに面した「ポヨ」

S=1:150

てっちゃん&アヒルビアホール

2010年

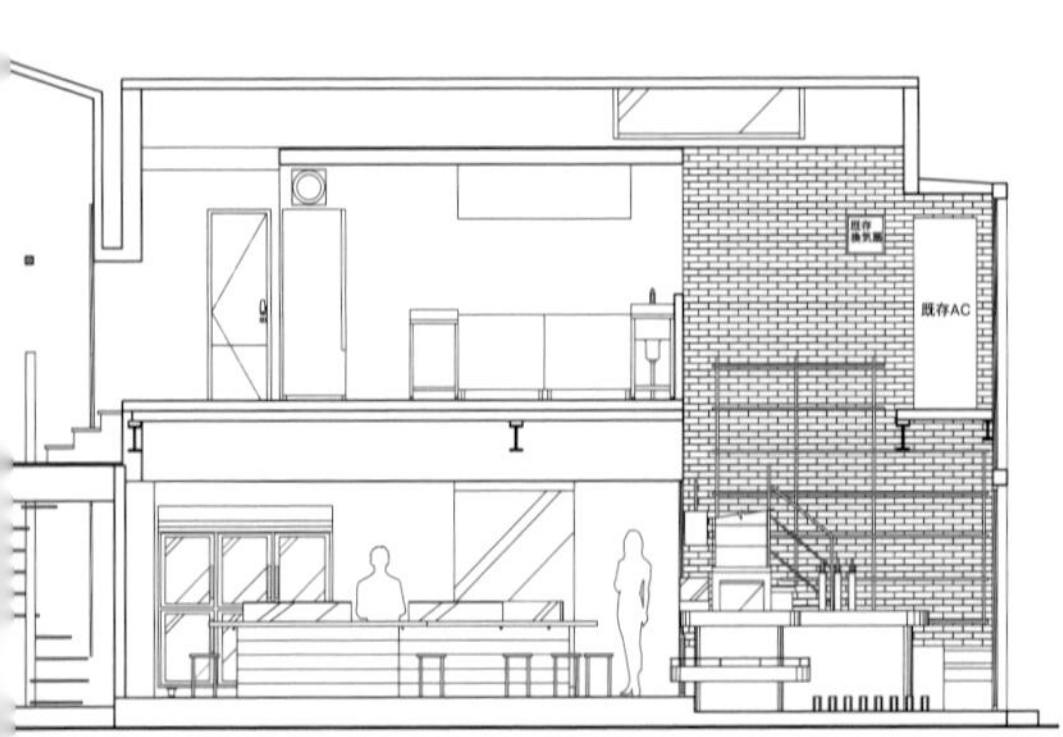

長手断面

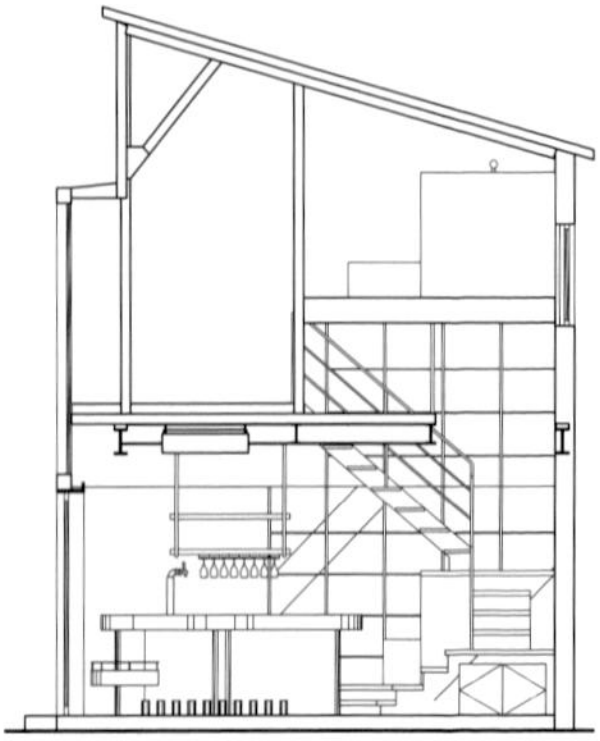

短手断面

モスクワ

2006年

立面

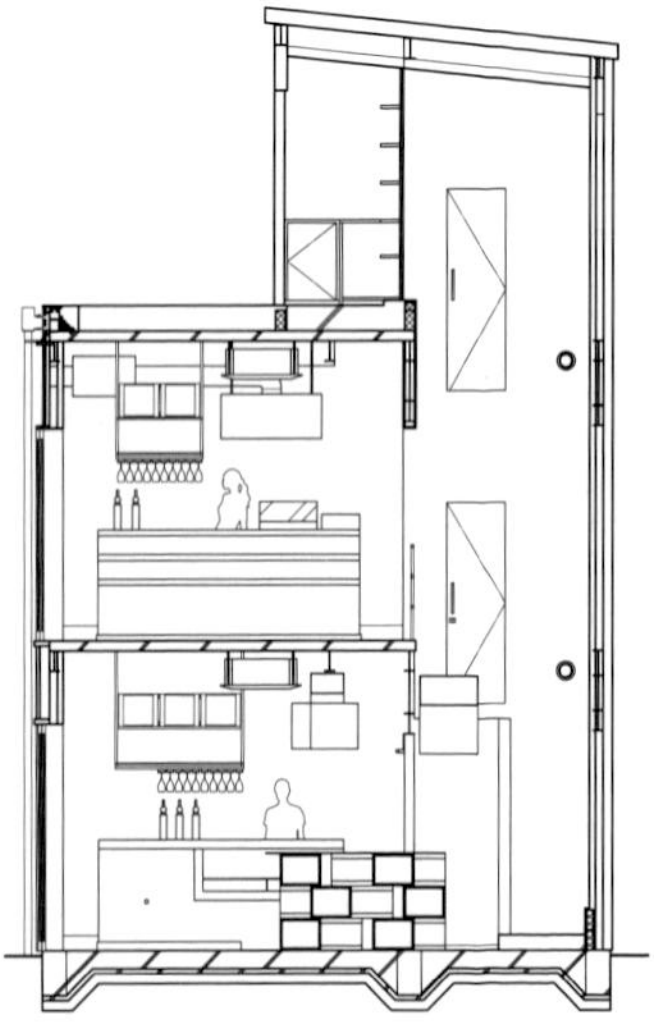

断面

形見氏がデザインした6つの飲食店

ハモニカキッチン

2000年

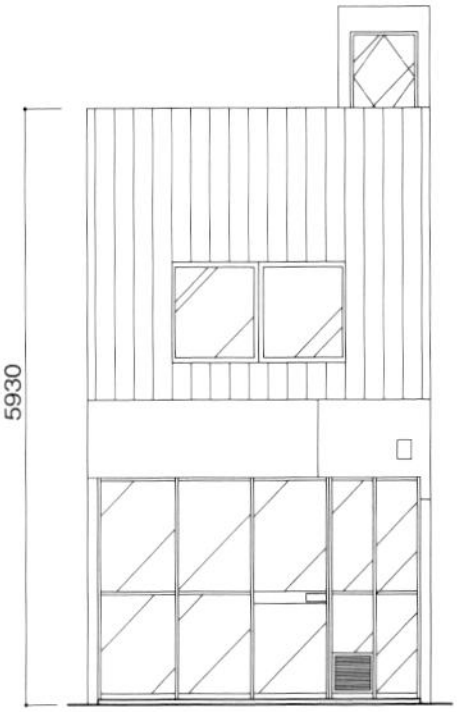

立面

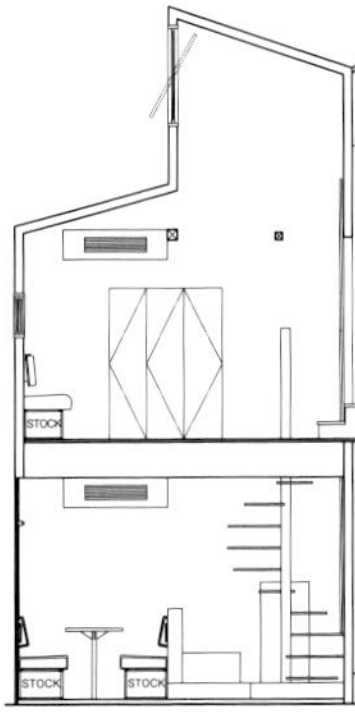

断面

てっちゃん&フードラボ

2003年

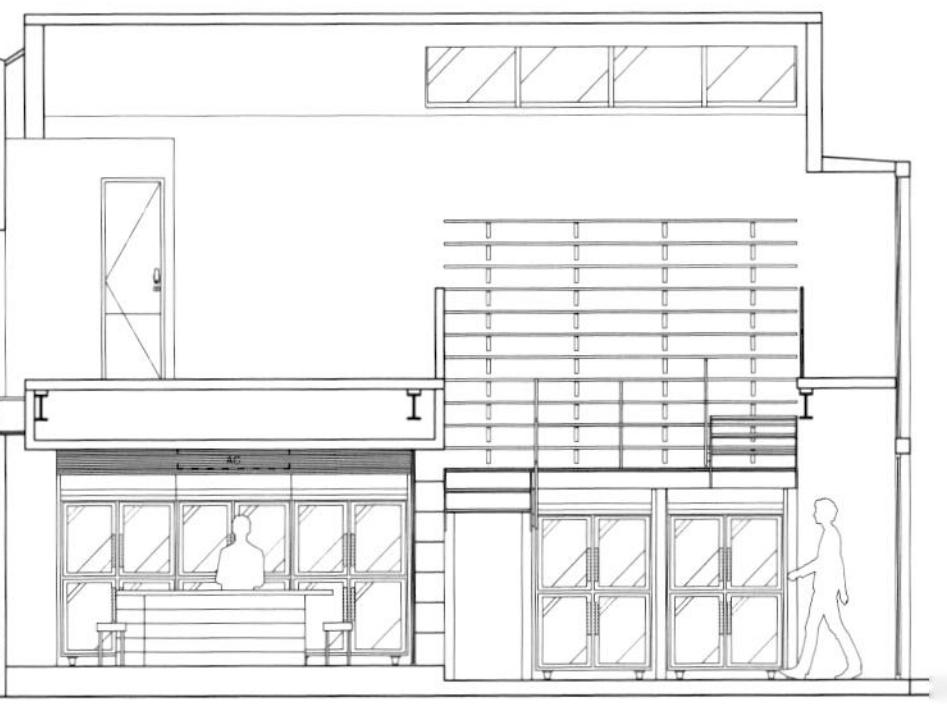

ポヨ

2007年

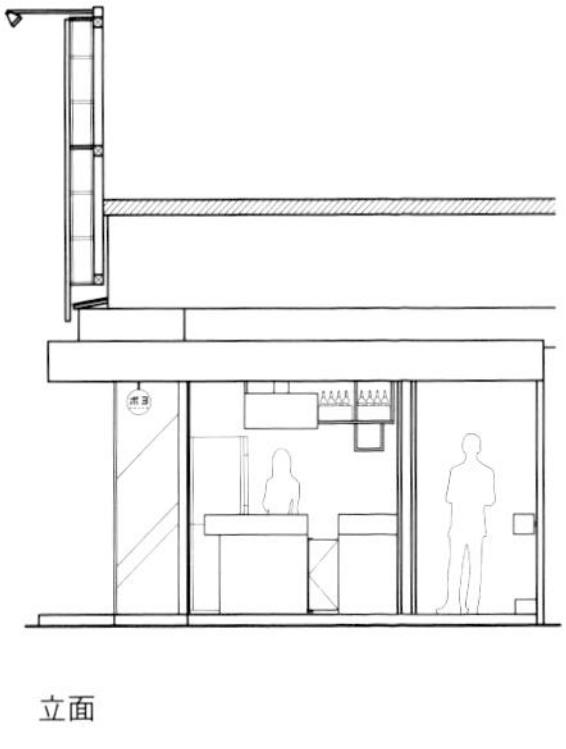

立面

エイヒレ

2009年

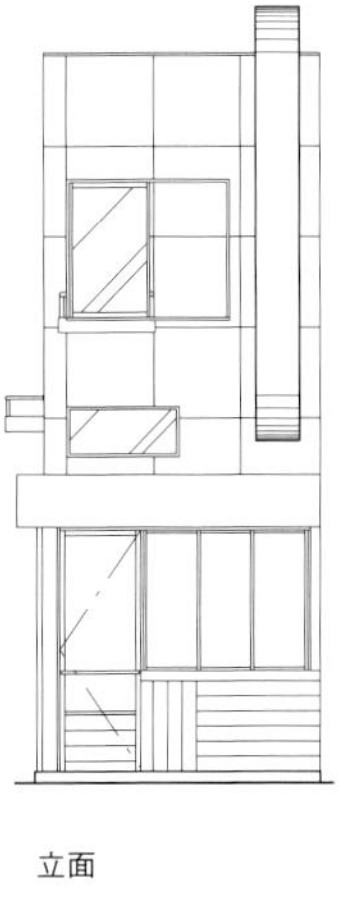

立面

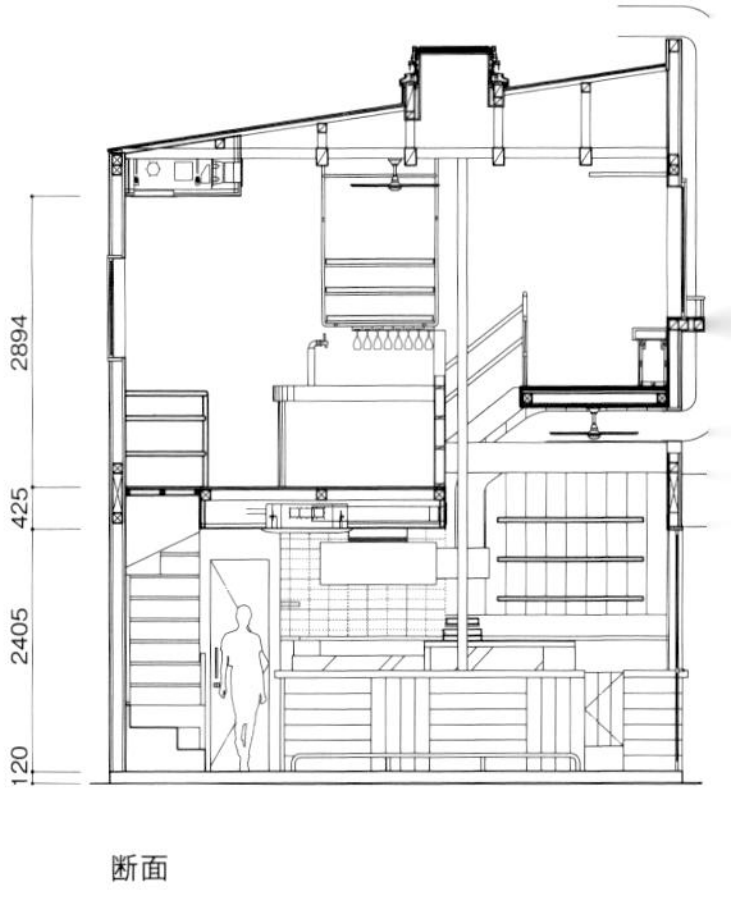

断面

んですよ。

形見　えっ、隈さんですか！

手塚　焼鳥屋を拡張しようと考えていたころ、建築ジャーナリストの淵上正幸さんと飲んでいて、ザハ・ハディド、安藤忠雄、隈研吾……と建築家の名前を並べていたら、「隈さんなら面白がってくれるかもしれないから企画書を書け」と言うから、二、三日で出したらすぐに承諾してくれた。このテーブルは、じつはゴミをリユースしたアクリルなんです。最初に模型を見たとき、透明なテーブルの上で焼鳥なんて嘘だろう？　もし失敗したらどうしようと思っていたけれど、お客さんはすごいね、平気で食べていますから。

人の生活や居心地で考える

倉方　バワリーキッチンのデザインはどういうふうに決まっていったんですか？

形見　オーナーである山本宇一さんが「東京の食堂」というコンセプトを立てたので、僕は老舗感というか、一〇〇年経っても変わらない素材感を提案しました。じつは別の仕事でこういう考え方を提案して却下された経験があるんです。でも、若い宇一さんはスッと受け入れてくれました。

手塚 スケルトンのシャッターも印象に残っていますね。

形見 あの場所はもともと自動車用のショールームで、シャッターは既存のものです。使えそうなものはそのまま使って、コストを抑えていきました。

倉方 インテリアデザインというと、つくり込まれた世界観を絵に描いていくとか、すでにあるものの配置から考えていくとか、いろいろなやり方があるように思うんですが、形見さんはどう進めていくのですか?

形見 店舗の平面はオペレーションも含めたビジネスに関係するところで、デザインはコストや機能に関係するところ。業種や客層によって求められることが違うので、それぞれ分解しながら考えますね。すこぶる合理的にやっているつもりです。

倉方 動線やゾーニングを押さえるというのは、建築設計の基本でもありますね。

形見 そうですね。でも、僕から言わせると、建築家はゾーニングが下手。商業建築なんて、なってないですよ。僕がやってあげられたらと思うんですけれど(笑)。

S=1:150

てっちゃん&アヒルビアホール

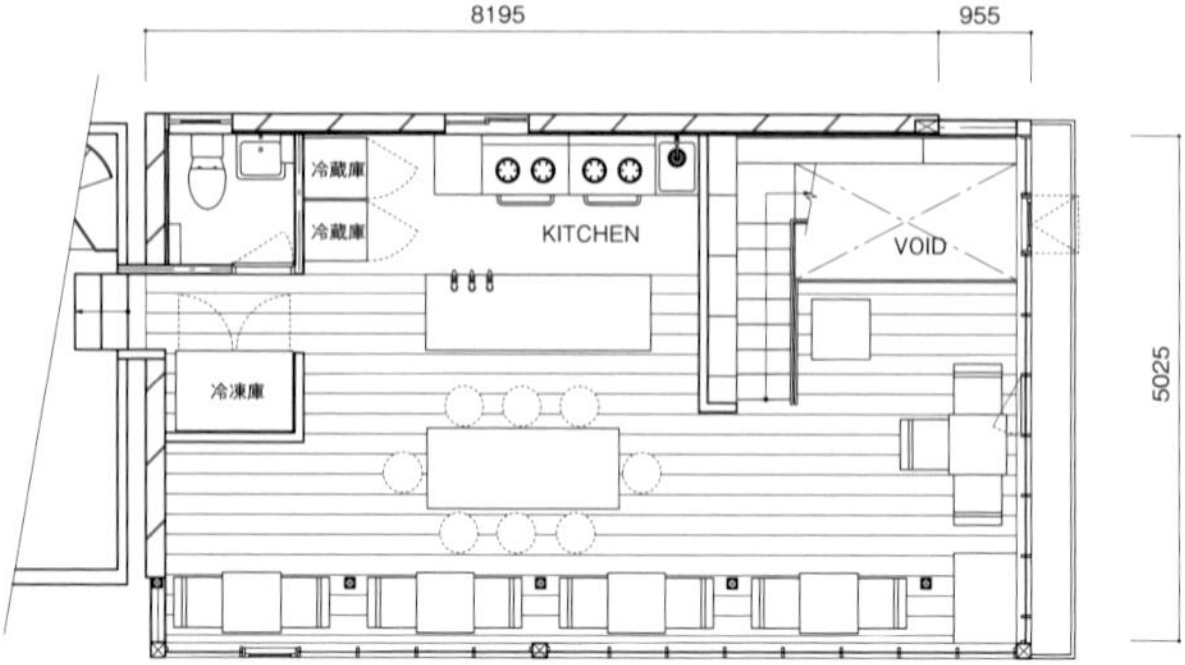

2階平面

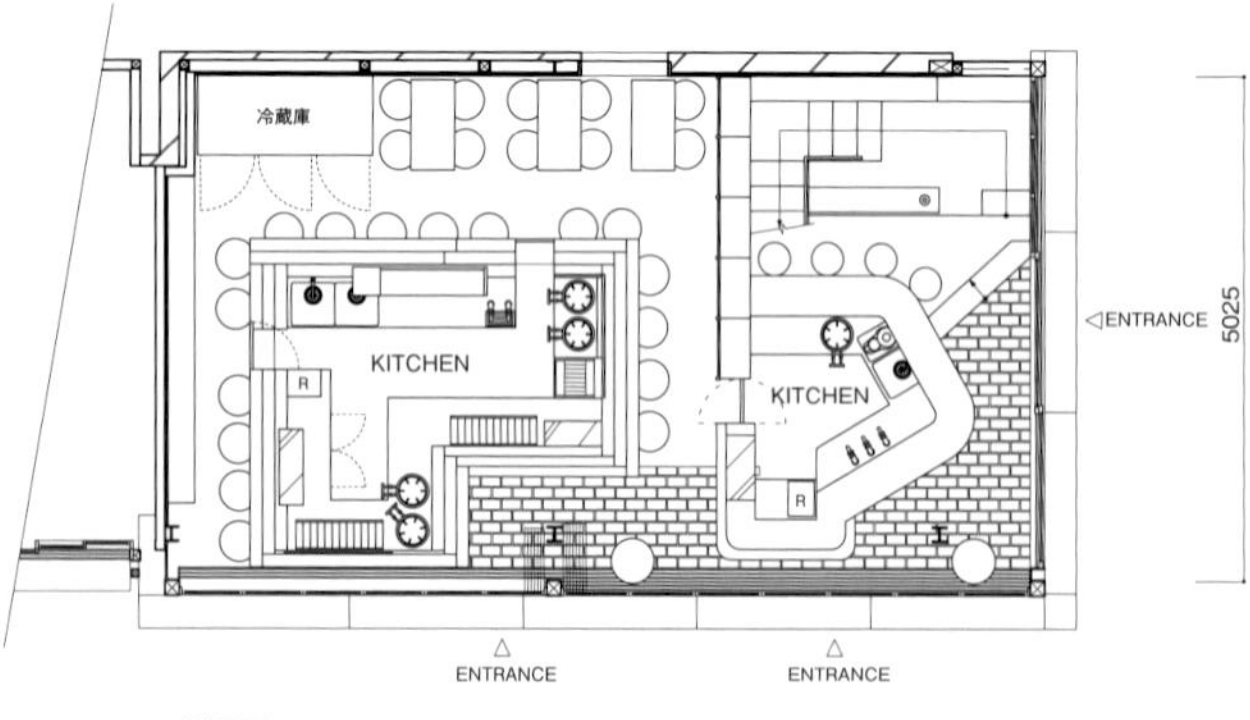

1階平面

> 2010年

焼鳥屋「てっちゃん」盛況につき拡張。
「フードラボ」は縮小し、「アヒルビアホール」開店

形見氏が手がけたハモニカキッチンからアヒルビアホールまで拡張の変遷

ハモニカキッチン

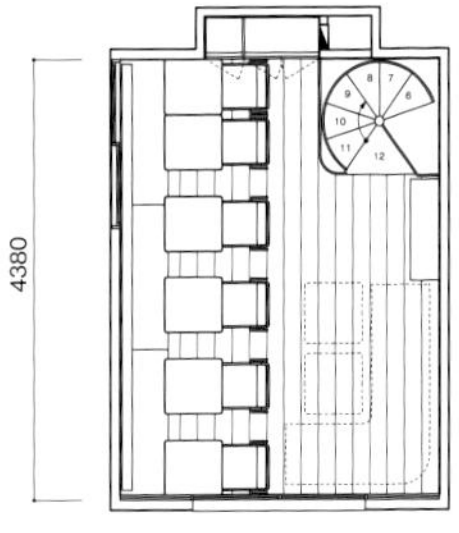

2階平面

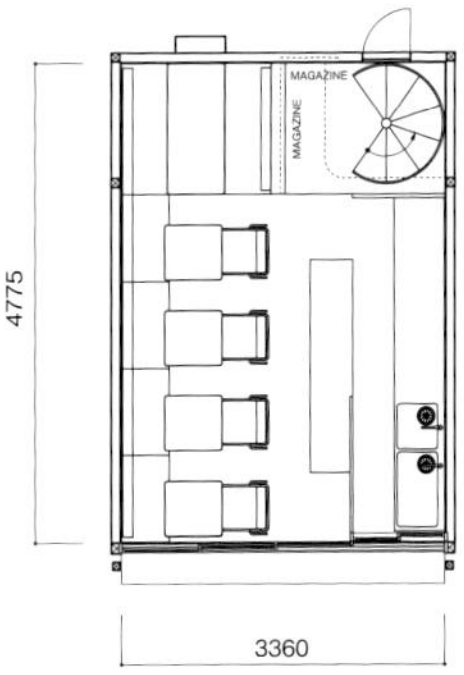

1階平面

てっちゃん&フードラボ

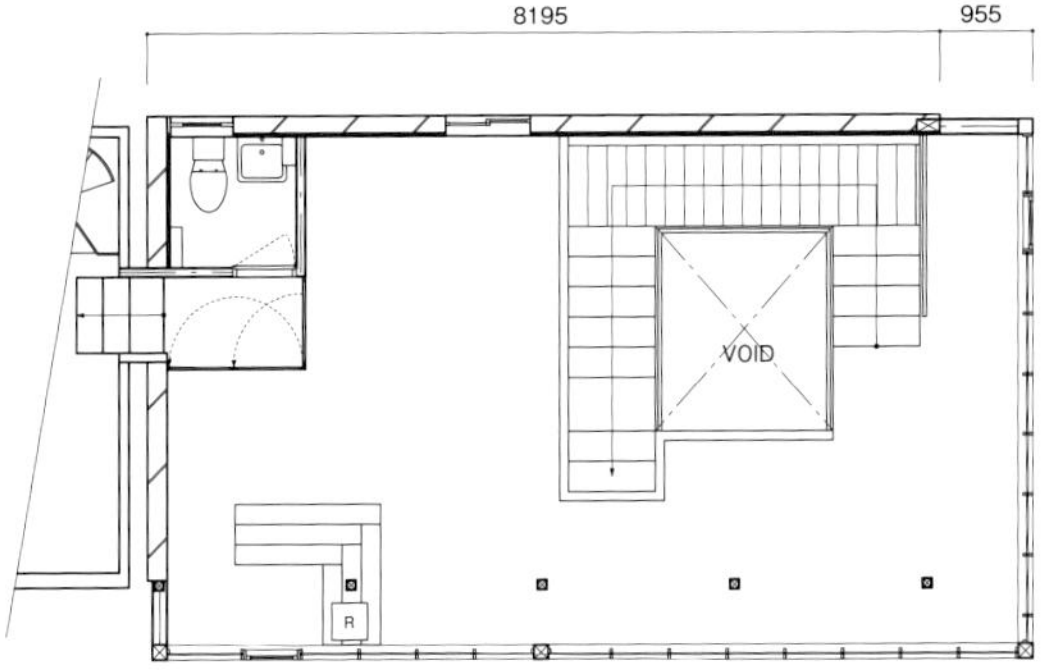

2階平面

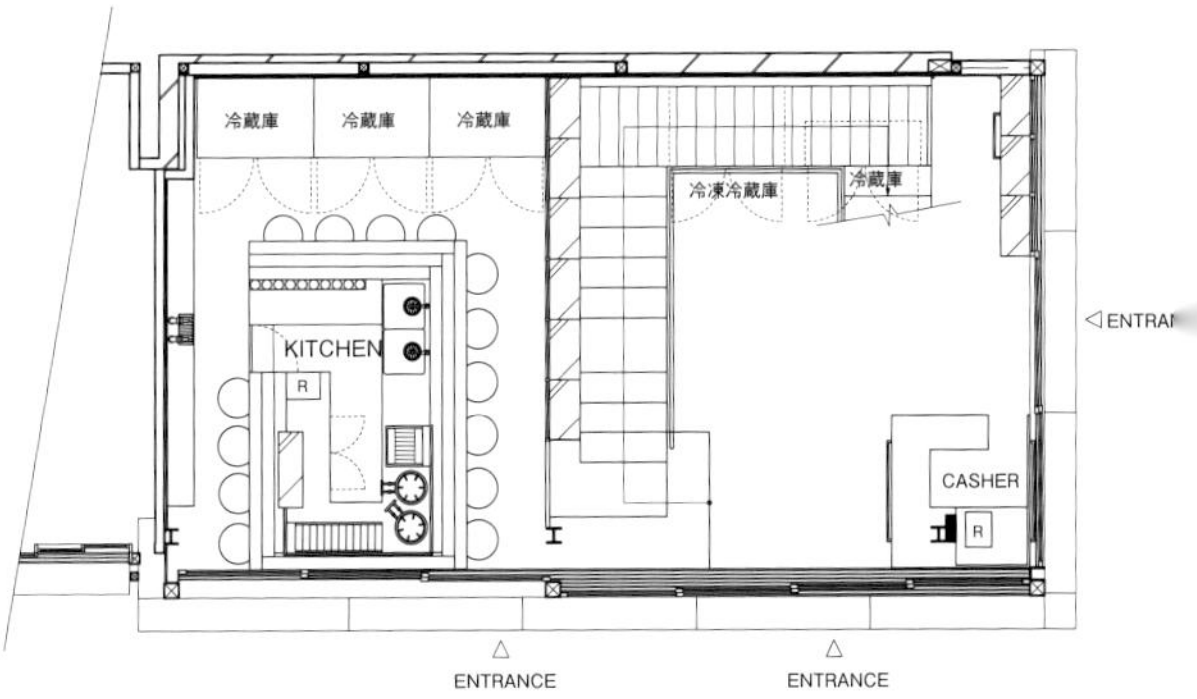

1階平面

2000年
ハモニカ横丁中央通りに
「ハモニカキッチン」新店開店

2003年
隣の鮮魚店が閉店。
「てっちゃん&フードラボ」開店

倉方　人の動きが考えられていないということですか？

形見　外ありき、設備ありきで、人を縦に流していくようなところがある。人の生活のサイズや気持ち良さで考える僕らとは、考え方が違うんでしょうね。もちろん、建築家でも考えている人はたくさんいると思いますが、住みづらいマンションがまだまだ多い。

倉方　ゾーニングや人の動きから考えていくという点では、住宅も店舗も、物販も飲食も同じですか？

形見　同じですね。ただ、物販は商品の要素が強いから、いくら買いやすくつくっても、商品がよくなければ買ってくれない。でも、ムードをつくることで、商品の要素を高めることはできると思います。

倉方　飲食に関していうと、動線やゾーニングのほかに、何が決め手になっていくのでしょうか。

形見　やっぱり居心地でしょうね。椅子の座り心地や風景、オープンキッチンの見え方もそうですね。

倉方　最近オープンキッチンのお店が多いのは、どうしてでしょうか？

形見　カウンター越しに店主とお客さんがいる。そういう関係を生み出すオープンキッチンは、飲食の仕事の原点だからだと思います。

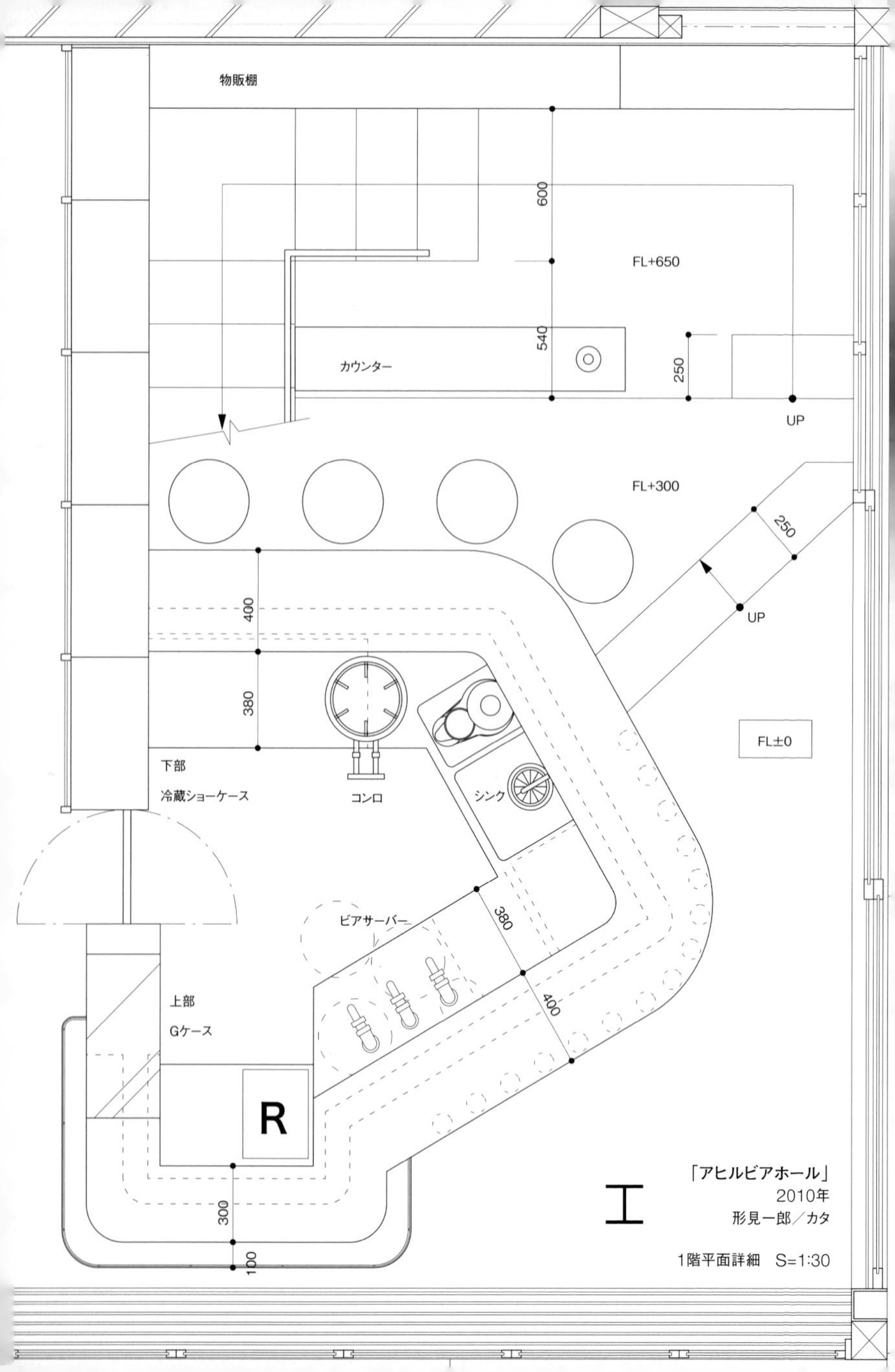

「アヒルビアホール」
2010年
形見一郎／カタ

1階平面詳細　S=1:30

倉方　そういう原点のスペースが適切にアレンジされていると、居心地がよくなるのでしょうか？

形見　そうかもしれません。たとえば、バザールはいわば物販の原点ですよね。だから居心地がいいんじゃないですか。僕らの仕事は、そういうところを勉強して、使いやすそうだと思ったら、どんどん工夫していくことなんでしょうね。

倉方　いろいろな工夫に学んだり、ハッとすることがある。

形見　ありますよ。そば屋のカウンターを見て、立っていたほうが食べやすいなとか（笑）。最近はあまり行っていませんが、海外でもいろいろ見ました。

倉方　居心地の良し悪しもそうですが、それはなかなか写真に写りにくい部分ですよね。

形見　そうですね。いいと言われている店の写真を見て、いったいどこがいいのかわからないことがある。でも、実際に行ってみると、たしかによかったりしますね。逆に、写真写りのいい店に行って、がっかりすることもある。

　国内外問わず、流行っている店と流行ってない店は、はっきりしているんですよ。料理が美味しいという理由だけでなく、流行る何かがある。隣は流行っているのに、なぜここは流行ってないのか。そういうことを分析したこともあります。

手塚　たしかに、なぜか入りにくいお店がありますね。僕は、新宿の思い出横丁の「ささもと」という飲み屋で飲むときが一番落ち着くんですよ。自分に返ったような感じがする（笑）。

形見　そういうお店があるのは幸せだと思いますよ（笑）。

目指すのは「まちの設計屋」

形見　僕が独立したのはバブル後で、当時は、こんなときによく独立したなと言われました。バブルのころは、予算の倍になる提案をしても実現したような話も聞きますが（笑）、僕らのお客さんには通用しません。予算がないところからスタートしますし、店舗の運営計画がおぼつかないお客さんもいて、こちらで予算表をつくったりしました。でも、そうやって資料をつくると、お客さんとの間でギャップが生じにくいという側面もあります。

僕は、まちの設計屋を目指してきたんです。個人も企業も関係なく、いつでも誰の相談にも乗るようなスタンスでありたい。そして、一緒にやりたいと言っていただけるところと仕事をする。それはずっと変わっていません。

倉方 「まちの設計屋」とは、しっくりくる言葉ですね。それは学生のころから考えていたことですか？

形見 いや、独立してからでしょうね。

倉方 建築学科を出てインテリアの世界に行った人は、プロジェクトの期間が短いことが面白いと言います。建築は何年もかかるので、その間に担当者が替わり、結局、竣工を見届けることができないこともある。形見さんは、インテリアのスピード感が合っていると思いますか？

形見 そうですね。店舗は大体三カ月で決まりますからね。

手塚 形見さんは速くて、柔軟性がある。物件を押さえると家賃が生じるでしょう。そこからものすごい勢いで図面を描いて、いろいろな案を考えなくてはならない。インテリアの人は速いですよ、建築家に比べたら。

形見 今はもっと速いですよ。

倉方 形見さんが仕事をしていて充実感を得られるのは、どういうときですか？

「アヒルビアホール」1階

形見　答えがちゃんとみつかったときは、達成感がありますよね。予算はそのあと。

倉方　ゾーニングがピシッと解けると、一気に進むのでしょうか。

形見　そうですね。クライアントと意思を共有できるのは、平面図ですから。意匠は好みの範疇《ちゅう》でもあるから、自分は石がいいと思っていてもオーナーが煉瓦《れんが》を望んでいたら、その意図を尊重しながらやっています。

逆に、僕が普段やらないことをやってくれという依頼もあります。手塚さんもそんなことをおっしゃっていましたよね。自分で自分を壊すことが求められたり、テイストをはっきり提示されたり、その都度対応しているうちに、仕事のジャンルがどんどん広がってきたように思います。最近はギャル系ブランドの店舗もやっているんですよ。

倉方　独立したころと今では、仕事のやり方は変わりましたか？

形見　昔は徹夜が当たり前でしたが、今は、残業はほぼありませんし、土日は休み。時代の流れもありますし、僕の処理スピードが速くなっているからかもしれません。

美容院や飲食、住宅など、いろいろやっていますが、最近、独立したときのハートを思い出して、好きなことをやろうと思っているんです。効率を考えると、スタッフに指示を出したほうが速いんですが、それでは自分の成長がないでしょう。初心に返り、好きなデザインをやって、僕自身を成長させるというか楽しもうと。

まちを変えるのは「わざわざ行きたいお店」

形見 ハモニカ横丁には久しぶりに来ましたが、ずいぶん変わりましたね。手塚さんのパワーはすごい。

手塚 どのような場所でも客を連れてくるのが自分の仕事だと思っているので、一生懸命考えるんです（笑）。

形見 客層に合ったお店をちゃんとつくることが大事ですね。一方で、おじさんも女性も、お尻の痛い椅子は我慢できないから、きちんとクッションを入れるとか、基本もちゃんと押さえていく。

手塚 僕も最近、お金がかかっても、クッションのある椅子にしなくてはならないと思い始めました。

形見 サービスする側がきちんとやるべきことだと思います。

FOOD
中央通り
TYUO DORI
54
グラスフェア
2016
1/23(土)からSTART
BBQ
ペリエ
¥100
CLAMATO

「アヒルビアホール」と対向して建つ「モスクワ」(写真左)も形見氏によるデザイン

最近、駅ビルや大型ビルの中に設置されたイン・ショップの仕事が多く、自分でもわくわくできる路面店はつくれていないなと思っているんです。駅直結のイン・ショップは雨の日でも傘がなくても行けるから、ひとり勝ちですよね。面白い路面店は、むしろ都心から少し離れた地域で、勝負していると思います。この変化が、これからの面白さにつながるかもしれません。

倉方 わざわざ行きたいところがもっと増えると、まちはもっと面白くなりますよね。面白い路面店というのは、どういうものでしょうか?

形見 入りたくなるお店でしょうね。最近は「食べログ」のような情報サイトもあるし、都心から離れたお店も勝負しやすくなっていると思います。ただ、根本的な何かが少し違うような気もしていますね。そこを僕らが変えていくのか、もしくは僕の次の世代がつくるのか、まだわかりませんが……。

倉方 形見さんからみて、ハモニカ横丁というのは、どういうところがいいと思いますか? あるいは、もう少しこんな要素を満たしたらいいとか。

形見 今日はチラッとしか見ていませんが、この変化にはびっくりしました。手塚さんは、横丁プロデューサーのような存在ですね。自然発生的に面白いお店ができていくところは、僕も学ぶことがいっぱいあります。この面白さを外さなければいいのではないでしょうか（笑）。

手塚 けっこう外れるんだよね（笑）。もう行き詰まっているから、アーティストや芸人とか、今までにないものを入れていかないとだめなんじゃないかと思っているんです。

形見 でもかれこれ二〇年になりますよね。変な違和感があったら、お客さんはとっくに去っていると思います。仮に失敗しても、また変えればいいし。

一方で、新しいデザインが本当にいいのか、わからないところもありますね。居心地がよければ、このままでいいのかもしれない。そもそも、インテリアの僕らがフィーチャーされることって、あまりいいことだとは思っていません。飲むこととデザインは関係ないじゃないですか（笑）。美味しければ、それでいいと思うんです。

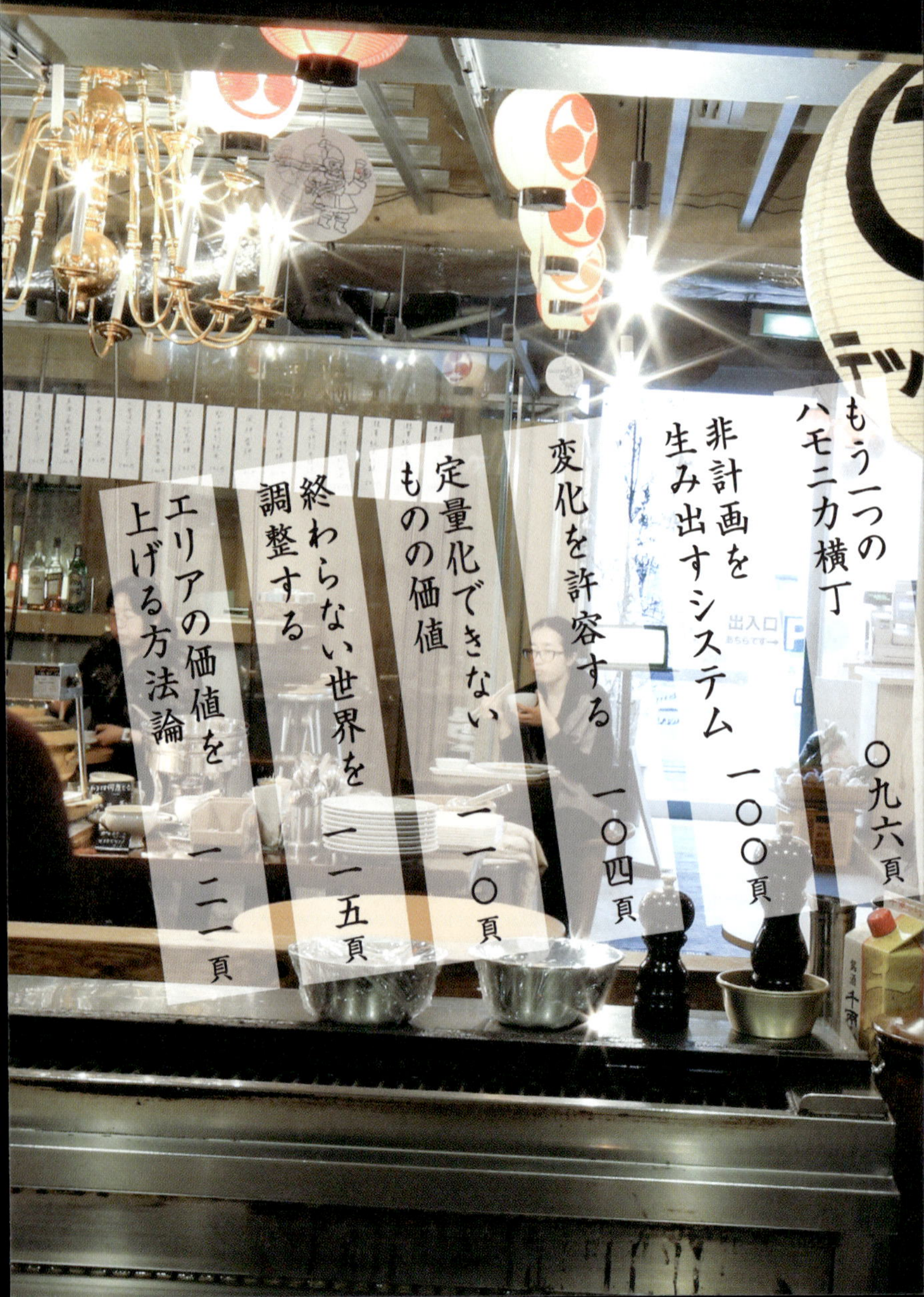

もう一つのハモニカ横丁 〇九六頁
非計画を生み出すシステム 一〇〇頁
変化を許容する 一〇四頁
定量化できないものの価値 一一〇頁
終わらない世界を調整する 一一五頁
エリアの価値を上げる方法論 一二一頁

ハモニカ横丁を生成する

原田真宏

原田真宏

はらだまさひろ

建築家

1973年、静岡県生まれ。1997年、芝浦工業大学大学院建設工学専攻修了。隈研吾建築都市設計事務所、ホセ・アントニオ & エリアス・トーレス アーキテクツ（バルセロナ）、磯崎新アトリエを経て、2004年、原田麻魚とともにMOUNT FUJI ARCHITECTS STUDIO設立。現在、芝浦工業大学工学部建築学科准教授。おもな作品：Tree House（2009年）、Seto（2013年）ほか。

「ハモニカ横丁ミタカ」外観。JR三鷹駅近くの元パチンコ店をコンバージョン。次頁:同内観

もう一つのハモニカ横丁

倉方　今日は、原田さんが手がけられた「ハモニカ横丁ミタカ」（二〇一三年）にお邪魔しています。まず手塚さん、この場所で横丁をつくろうと思ったきっかけからお話しいただけますか？

手塚　僕らは「ハモニカ横丁東京」というNPO法人をつくり、ゴールデン街（新宿）、思い出横丁（新宿）、のんべえ横丁（渋谷）など、各地の横丁を取材しているんですが、どこでも共通している課題は防災なんですよ。不燃材が使われてないどころか、壁をはがせば腐った木の柱が出てきたり、めちゃくちゃですからね（笑）。だからこそ再開発の対象になるわけだけど、みんなそこで楽しそうに飲んで、いい雰囲気が生まれている。なんとかこれを生かす方法に取り組みたいと考えていたら、この物件が空いたという。そこで、ハモニカ横丁をもう一つつくる実験をしてみようと思い立った。

吉祥寺は家賃も高くて、新しいことがやりづらいけれど、三鷹はゆったりしているし、ここでまちづくりの活動をしている方々も面白がってくれました。それに、ここはもともとパチンコ屋だったから、あまり大きな手を加えずに済むだろうと。でも、ちょっと軽率でしたね。工事費と家賃、什器などをあわせて七〇〇〇万円もかかりましたから（笑）。

倉方 事業面では、どういうことを考えましたか？

手塚 家賃と売上、人件費は売上の二五％と想定して、テナントを入れたら採算が合いそうだと考えました。空間はすべて原田さんにお任せして、そこに僕が寄生しようと（笑）。

倉方 そもそも原田さんにお願いしたのはどうしてですか？

手塚 これまでインテリアの人と店舗をつくってきたけれど、だんだん似たようなものばかりになってきて、少し限界を感じていました。建築家といわれる人なら、自分にないものを持っているだろうから、変なことをやってくれるんじゃないかという期待があった。

原田 手塚さんを紹介してくれたのは、不動産のお仕事をしている甲斐信武さんです。お二人は飲み友だちのような関係で、甲斐さんから、面白いおじさんがいるから一緒に飲もうと誘われた。東日本大震災の少し後、世の中が冷えていたころですね。

手塚さんのことは、飲み屋をたくさん経営しているおじさんだという認識しかなかったんだけど、ハモニカ横丁で一緒にいるといろんな人たちが手塚さんに挨拶していくし、一九七〇年代は寺山修司や唐十郎などのアングラ系の人たちの映像を撮っていたと聞いて、よくわからなくて面白い人だなと思ったのが最初の印象です。

ハモニカ横丁を新たにつくる実験をしたいと聞いたとき、手塚さんはすごく危機感を抱いていましたね。今のハモニカ横丁はすごくうまくいっているけれど、いずれなくなってしまうかもしれない。もし、横丁の遺伝子みたいなものというか、その原理や維持していく方法がわかれば、この文化は保たれる。ジーン・バンクのようなものかな。手塚さんはそういうものを試そうとしているんだと理解しました。

今、各地の横丁がどんどん壊されていますよね。僕も下北沢の近くに住んでいて、あのあたりの横丁がなくなってしまうことになんとも歯がゆい気持ちでいたから、手塚さんの考えに共感したし、建築家としてできることがあるだろうとチャレンジしてみたんです。でも怖かったですね。こういう計画は、学生が卒業設計でテーマにして失敗するパターンでしょう（笑）。そもそも、計画的に非計画的な場所をつくるというのは、矛盾していますから。実際、かかわってみたら大変でした。手塚さんのオーダーも、あまり明確ではなかったし（笑）。

手塚 僕は、オーダーは言わないというのを原則にしているからね（笑）。六本木ヒルズのよ

「ハモニカ横丁ミタカ」模型

「ハモニカ横丁ミタカ」(竣工時)

うに、何もないところに図面を引いてテナントをもってくるような経営は不遜だと批判してきたのに、今度は自分にふりかかってきた。これはマズイと思って、原田さんに任せて、逃げちゃった（笑）。

非計画を生み出すシステム

倉方　原田さんは、この場所を最初に見たとき、どんな印象を受けましたか？

原田　まだパチンコ台も残っているような状態で、黄緑色やピンク色の外壁がちょっとはがれて、裏地が見えていました。今思えば、それがこの場をつくるヒントになったと思います。

手塚　建築家って口がうまいじゃないですか。原田さんは、プレゼンのときにアニメの「トムとジェリー」を引き合いにしていましたね。うまいことを言うなと思いましたよ。

原田　僕らは計画的に非計画をつくることはできないと早々に降参して（笑）、「トムとジェリー」のトムが住んでいる表側の世界ではなく、壁の裏側に住むジェリーの世界の配分を増やすことで、ハモニカ横丁のような世界ができるのではないかという話をしたんです。つまり、計画的にすべての環境を支配するのではなく、計画をすることで逆に非計画が生まれるようなシステムをつくろうと考えたんですね。

ハモニカ横丁にはいろんな欲望が渦巻いていて、それらが正直に表れているでしょう。そういう状態を生み出す方法として、普段は隠れている壁の向こう側、つまり表側を整えるためには、裏側には配管や間柱などがごちゃごちゃと潜んでいるのですが、これを表に出していけば、生々しくてアクティブな場所になるんじゃないかと。店舗の内部はテナントに入るお店の人が決めていくけれど、外側は仕上げないというルールをつくることで、テナントごとに異なる下地が正直に出てきちゃうのがいいんじゃないかと考えました。

吉祥寺のハモニカ横丁は小さな店が密集しているけれど、通りに囲まれて外部に面しているから空への視線が保たれているし、多少の自然光もある。あの抜けがあることで、空間的にはすごく救われていると思うんです。でも、ここはそれがない。配管や下地材のLGS（軽量形鋼）の銀色をそのまま表すことは、光や明るさの面でも効果があるんじゃないかと思いました。

倉方　建築家は装飾的なものより素の世界を好み、インテリアの人は表をつくり込んでいく

おふくろ

吉祥寺ハモニカ横丁

傾向があると思うんですが、原田さんはそのどちらでもないというか、裏も含めて成り立っている状態を見せている。つくり込まれた世界はそこが原点になるから、出来上がってからもなるべくそのままの状態を保たなくてはならないような雰囲気になりがちだけど、ここでは表と裏が常に動いていて、変わっていく状態が空間に現れている。

原田　原田さんは、そこに気持ち良さがあると捉えているんでしょうね。

手塚　ハモニカ横丁は、お店がどんどん変わっても、ハモニカ横丁ですよね。

原田　そうですね。じっさい、約一〇〇軒のうち毎年平均一五軒は変わりますから。代謝が起こっているわけです。つまり、形としての原点があるわけじゃなくて、その遺伝子（gene）がまわりを気遣い、そこでみんなが喜んで飲んでいく。吉祥寺のハモニカ横丁は、そのシステムがドライブすることでできた形なんですよね。

変化を許容する

倉方　手塚さんは、いろんな建築家やインテリアデザイナーと一緒に店舗をつくるんだけど、できあがってしばらくすると、大胆に変えますよね。

手塚 お金がかかりますが、面白いんですよ。ここもだいぶ変えてしまった（笑）。なぜ壊したのかと言われるんじゃないかと、今日は心配していたんです。

原田 本当に？　そこを目指していたわけだから、むしろ本意ですよ。インテリアは、お任せしていいと思っているぐらいなんです。システムを決めた僕がやると、手なづけられたトムになってしまうから（笑）。

手塚 でも、できあがって一カ月後に壊したら怒るでしょう。ある程度の時間が必要だという、微妙な感覚があるんですよ。ここはできたときの完成度がかなり高かったから、壊しにくかった（笑）。ガラパゴスなどのインテリアをお願いした重田克憲さんも、高さの違う店舗の組み合わせが面白いと、感心していました。

原田 改変を拒絶しないような形であるべきだと考えて、なるべく柱がないように、店ごとに門形の構えをつくっていきました。門形のフレームを自由に組み合わせているように見えますが、梁の高さがまちまちなので、それらをうまくかわしながら、それぞれのヴォリュームが取れるような形を探していました。

手塚 ここから見えない場所がありますね。それが空間の広がりを生んでいる。

門形のフレームで構成されたインテリア

原田 そうですね。全方向に開いていると均質になってしまうでしょう。すべてを見通せないようにすることで、横丁的な雰囲気も出てくる。それを成立させている最低限のシステムが門形なんでしょうね。初めてハモニカ横丁の話を聞いたとき、店舗が厨房で占められていて、人がちょっとはみ出しているような絵を見せてもらったんです。手塚さんは、それがハモニカ横丁のアイデンティティの一つでもあるとお話しされましたね。

手塚 横丁のお店がなぜこんなに狭いのかというと、手で持ち運びができる範囲で商売が始まったから。駅前の更地で風呂敷を広げて大根を売っているようなヤミ市の中に、徐々によしず張りの店らしい構えができて、やがて屋根が立ち、土地が分割されて建物ができた。

原田 そういう横丁の成り立ちを聞いて、境界の中で完結するのではなく、みんなのお尻がはみ出ちゃうようなスケールでつくろうと思いました。でも、インテリアはほとんどやったことがないから、戸惑いもあったんです。いわゆる様式や形式をもってくれれば楽ですが、絶対にできない。僕じゃなくても成立するような原理をつくろうと考えました。

倉方 部分と全体の両方を押さえていく。インテリアデザインと都市計画を並行させるようなところが、原田さんらしさなんでしょうね。

平面(竣工時)　S=1:150

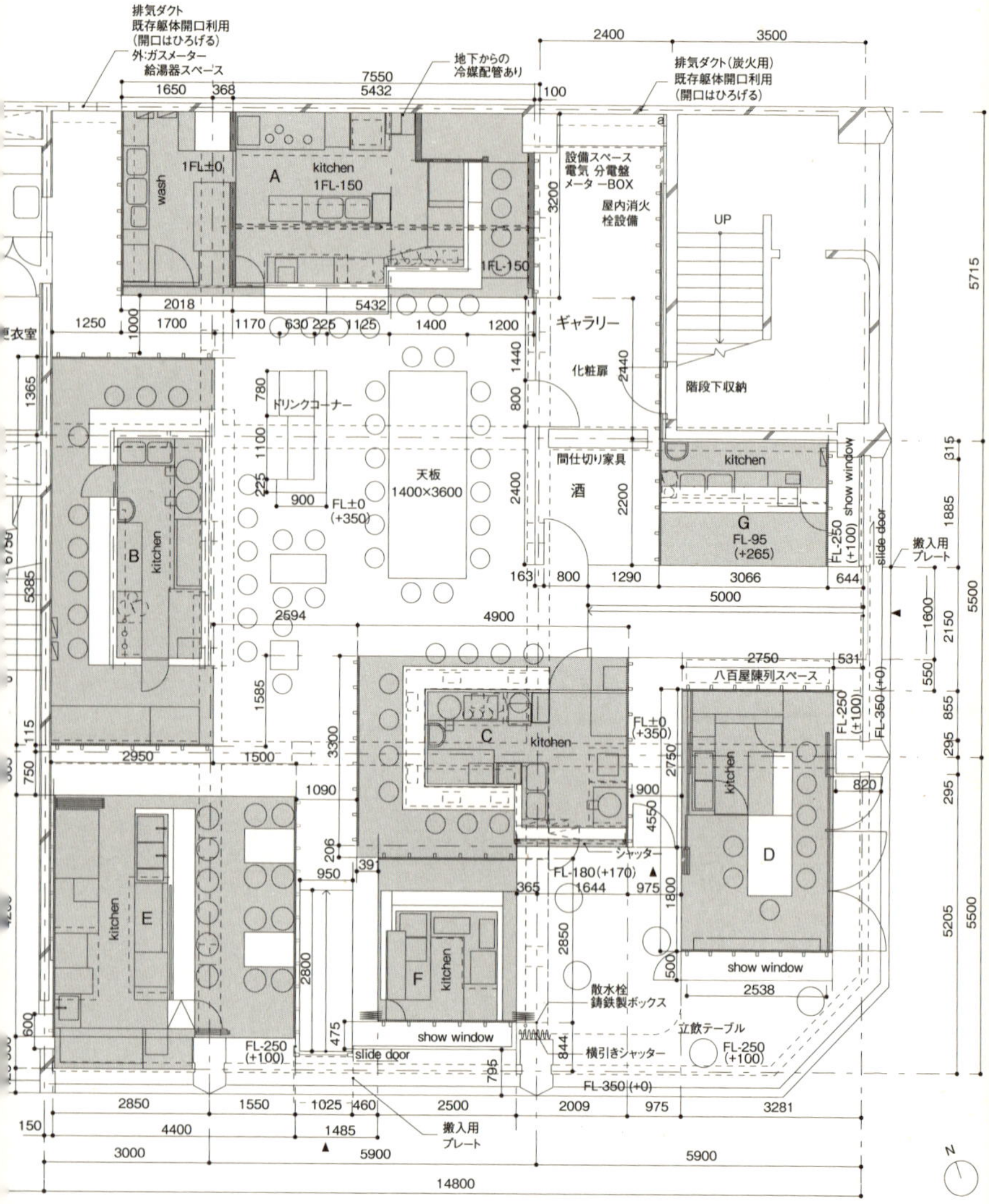
排気ダクト
既存躯体開口利用
(開口はひろげる)
外:ガスメーター
給湯器スペース
地下からの
冷媒配管あり
排気ダクト(炭火用)
既存躯体開口利用
(開口はひろげる)
2400
3500
7550
1650
368
5432
100
wash
1FL±0
A
kitchen
1FL-150
1FL-150
設備スペース
電気 分電盤
メーター -BOX
屋内消火
栓設備
UP
3200
5715
2018
5432
1250
1700
1170
630
225
1125
1400
1200
1000
更衣室
ギャラリー
1440
2440
化粧扉
階段下収納
800
1365
780
ドリンクコーナー
1100
225
900
天板
1400×3600
FL±0
(+350)
2400
間仕切り家具
酒
2200
kitchen
show window
G
FL-95
(+265)
FL-250
(+100)
slide door
搬入用
プレート
315
1885
B
kitchen
5385
163
800
1290
3066
644
5000
1600
2150
5500
2594
4900
2750
531
八百屋陳列スペース
550
C
kitchen
FL±0
(+350)
1585
3300
FL-250
(±100)
FL-350 (+0)
855
295
295
115
2950
1500
750
2750
kitchen
D
820
1090
900
4550
206
391
シャッター
FL-180(+170)
950
365
1644
975
1800
E
kitchen
F
kitchen
2800
2850
5205
5500
500
show window
2538
散水栓
鋳鉄製ボックス
600
475
show window
立飲テーブル
844
横引きシャッター
FL-250
(+100)
slide door
FL-250
(+100)
795
FL-350 (+0)
2850
1550
1025
460
2500
2009
975
3281
150
4400
1485
3000
5900
5900
14800
搬入用
プレート
N

「ハモニカ横丁ミタカ」2013年
MOUNT FUJI ARCHITECTS STUDIO
(設計協力:芝浦工業大学建築学科原田真宏研究室)

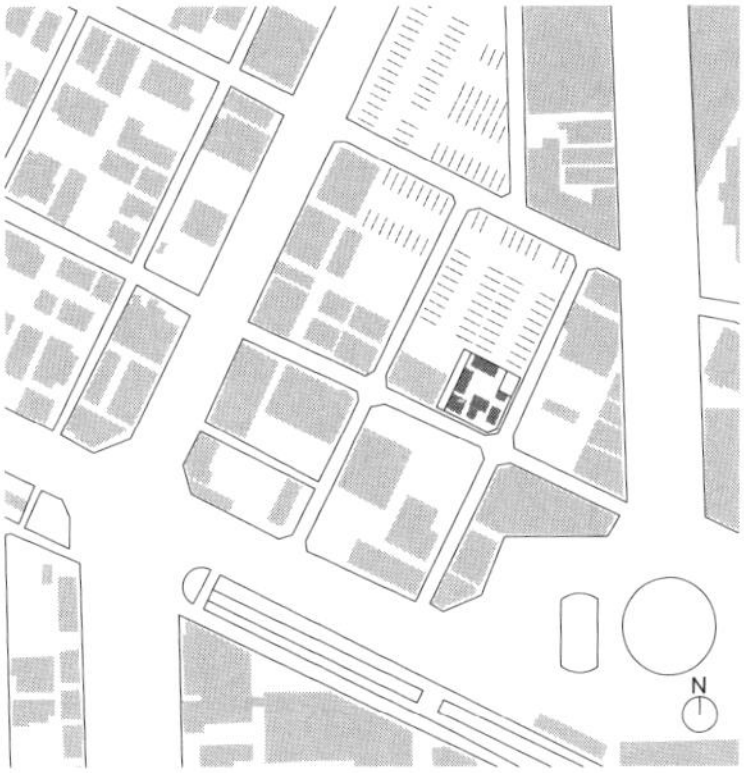

配置　S=1:4000

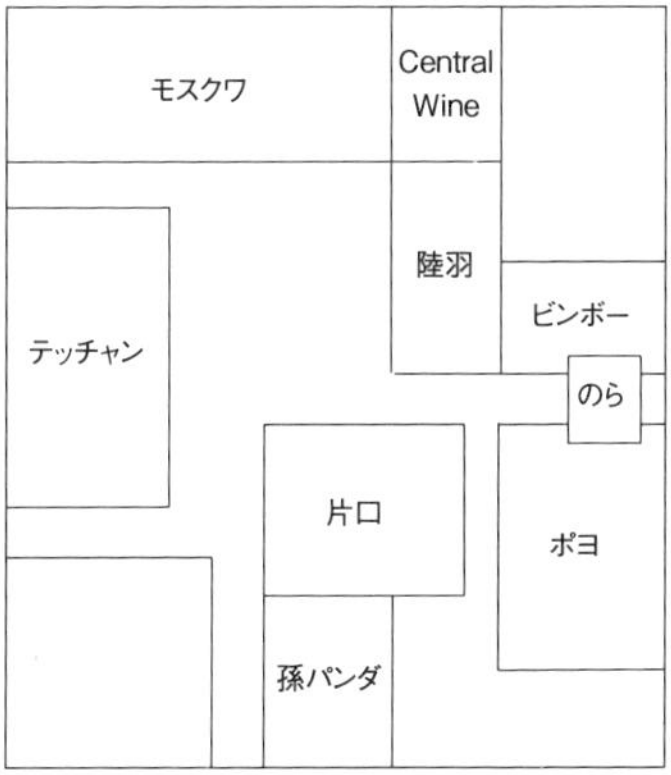

店舗の配置(2016年3月現在)

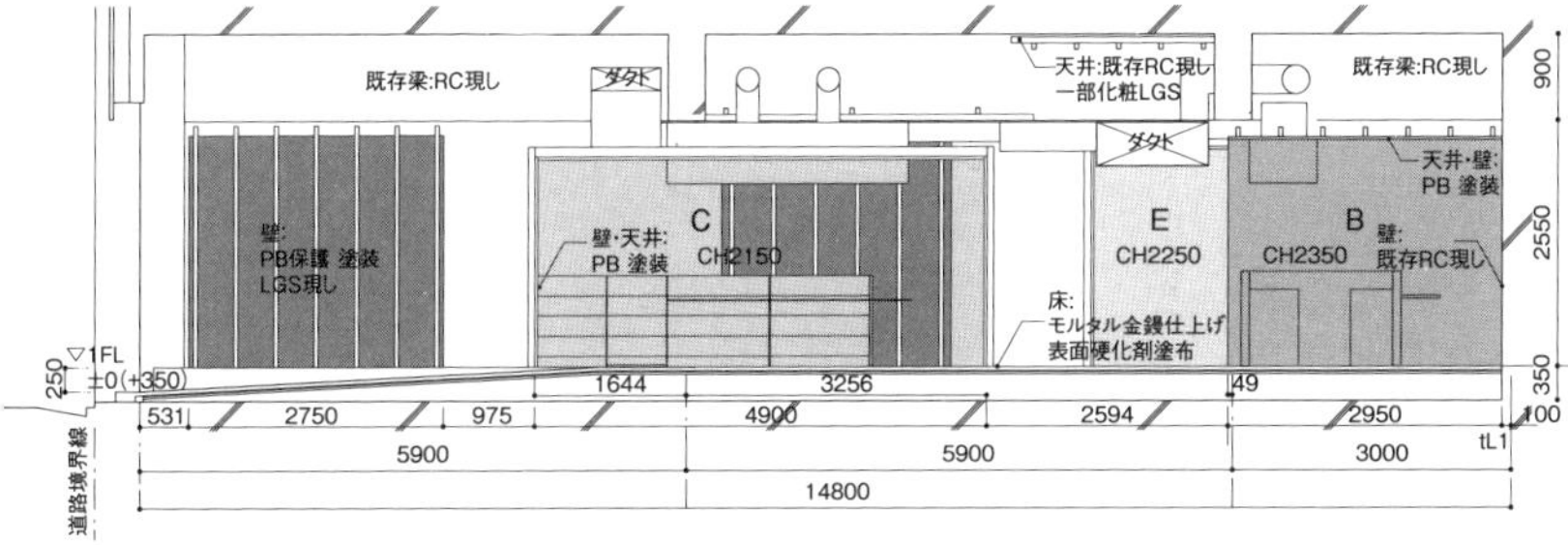

断面詳細　S=1:150

A:「モスクワ／スペインバル」7.0坪 (W7450／D3200／CH=2100)
B:「Mてつ／焼鳥」6.0坪 (W6750／D2950／CH=2350)
C:「ブラジルペンギン／焼肉」5.0坪 (W4900／D3500／CH=2150)
D:「ガラパゴス／Bar」3.7坪 (W4550／D2750／CH=2375)　内装設計:重田克憲／STACK Inc.
E:「みんみん／中華料理」5.6坪 (W4400／D4200／CH=2250)　内装設計:重田克憲／STACK Inc.
F:「孫パンダ／Bar」2.1坪 (W2850／D2500／CH=2100)　内装設計:重田克憲／STACK Inc.
G:「のら／八百屋、のらぼー／Bar」1.99坪 (W3066／D2150／CH=2100)

原田　そうかもしれません。空間も時間も変化していくことを許容するような全体をつくったつもりです。

定量化できないものの価値

倉方　これまでにほかの原田さんの作品に触れて印象的だったのは、素材にしても形にしても「余計な言葉」をしゃべっているということです。素材感や細部意匠が固有のメッセージを発するようなつくり方をしている。それは全体を基準とすると確かに整序できない「余計」物なんだけど、それぞれの内面から出た率直な「言葉」になっています。

原田　普段から、僕らはお化粧のように仕上げた世界より、無垢なもの、つまり本質そのものが現れているような世界に関心があるんですね。

グラフィックデザイナーの植原亮輔さん（KIGI）と対談したとき、手に触れるとそこで情報が発生してしまうような紙を選んでいると聞いて、面白いと思ったんですが、グラフィックの世界では、それは余計な重さだそうです。別の情報が発生してしまう

「ハモニカ横丁ミタカ」断面詳細　S=1:30

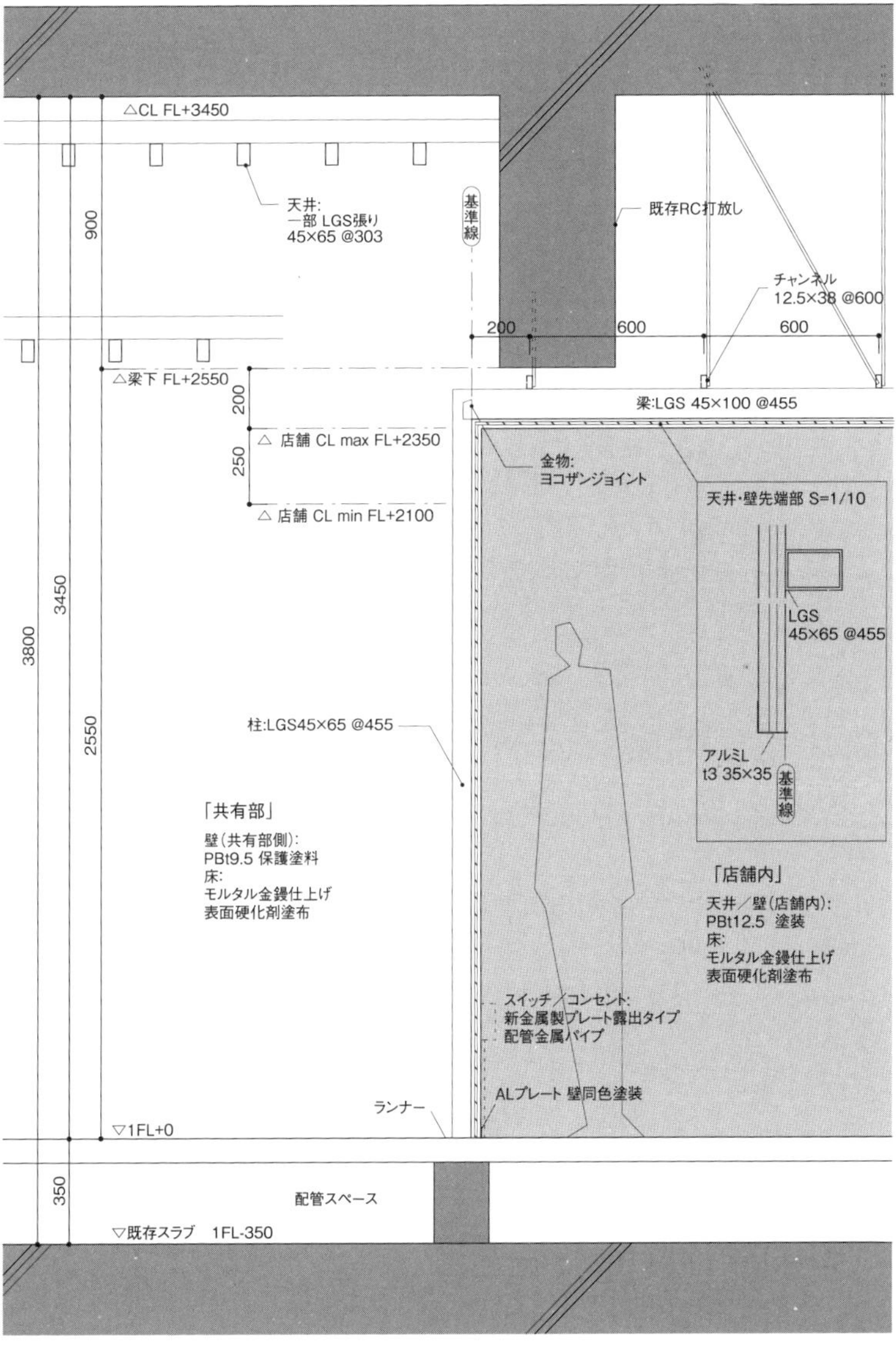

から、デザインの純度が下がる。でも、植原さんはそこにある種の価値を見出しているんですね（『PAPER'S』二〇〇九年夏号、竹尾／「紙をめぐる話」竹尾ウェブサイト）。

倉方　建築も似たようなところがあります。原理を提示することが建築の本質だという認識があるでしょう。たしかにコルビュジエの時代はそれが有効だったし、現代もそういうメッセージを提示することは大切です。でも、それが目的になってはだめだと思う。当たり前の話ですが、デザインの対象は環境ですから。僕らは定量的じゃないもの、感覚でしかないようなものもなんとか建築の価値の地平に乗せようとしているんです。

原田　原田さんは方法論、要するにつくり方の話をしますよね。形を規定していないから、いろいろな可能性を開いている。磯崎新さんがすごいのは、方法論をもち出すことで建築の可能性を開いたことだと思うんです。出来上がったものを理性的に説明することが理論であるとされてきたけれど、磯崎さんはそうではない言葉を示した。

倉方　なるほど。そういうふうに考えたことはなかったですね。

原田さんは、なかなか定量化できないけれど、自分が大切だと思っている領域を保持するために、その価値を方法論に乗せて示そうとしていると思うんです。こういうものが大切だということをきちんと言語化していかないと、駆逐されてしまいますから。

原田　そうですね。ハモニカ横丁も、言葉では説明しづらい、感覚的で定量化に向かない要素が非常に多い世界なんだけれど、そこに価値があるということを示す。そこは意識的にやっていたと思います。それを示すために、僕らは外形を引くわけですよ。手塚さんのお店には提灯がついているから、その外形がわかります。一方で、外形を示すことによって、その価値を固めてしまうという側面もある。

僕たちが追い求めている価値は、つくって壊して、またつくるということを続けていかなくてはならないもののはずなのに、流動的なものの外形を示すために、一瞬固めなければばならない。ハモニカ横丁ミタカでは、作品の価値みたいなものを保証するために、ちょっと固めすぎたかもしれません。でも、固めたからこそ、ほかのものとの対話が生まれるような気もするんですね。

今ここにジャズが流れていますが、昔、日本人のジャズは下手だったじゃないですか。それは、常に全体を慮《おもんぱか》ってしまうから。つまり、ほかの人たちとの調整を気にしすぎるんですね。自分の確固たる拠点があってこそ、ほかの人を理解できる。そういう関係がいいセッションを生み出す。建築も同様で、自らの仕事としてきちんとアウトプットしたものが、周囲といい響き合いを生んでいくのかもしれません。そこが面白いと

MOUNT FUJI ARCHITECTS STUDIO「Shore House」2012年

ころであり、危ういところでもあるのですが。

終わらない世界を調整する

倉方 ハモニカ横丁ミタカに取り組んで、これまでやってきたプロジェクト、あるいは学生時代からの気づきと通じる部分はありますか？

原田 表層的に仕上げられた世界、さっきお話ししたトムの世界に対する疑いの目があるのは確かです。表層の背後にあるジェリーの本質的な世界、もっと言えばそんな表裏の構図など解体されてしまった世界へ向かいたいというところがあります。

それから、自律して完結しているような状態ではなく、秩序立ちながらも対話がつながっていくような状態が、いい環境だと思っています。「Shore House」（二〇一二年）もそうですが、新しくつくられた構築物とまわりの環境、さらにそこに導入された素材や人も含めた関係を組み立てると、その空間に入ったときにさびしくない（笑）。

僕が学生のころに注目されていた建築は自律的な系で閉じているようなものが多く

て、そこに入ると、高度に構築された概念の世界に入る喜びがありました。でも、どこか自分がよそ者になるような気分にもなる。よそ者としての価値はたしかにあると思うけれど、そうではないものの豊かさがあるんじゃないか。そういう意識が建築を始めた原点にあって、対話が終わらないというか、空間的にも時間的にも秩序を保ちながらもアウトラインが定まらないような建築をつくってみたいというモチベーションがあります。

その根っこには、近代都市計画のような、完成形を提示することへの疑いがあるんだと思います。実際には到達することのないマスタープランを示して、今はそこに行く途中だから我慢してよ、と言う。そういう姿勢に馴染めないのです。都市はもちろん、建築にだって完成はない。竣工はあるけれどね。常に変わり続けるプロセスそれ自体が都市や建築の本質なのだと思います。

倉方 磯崎さんの『空間へ』の中の議論ですね。あれは磯崎さんの中でも、最も慧眼《けいがん》の一つだと思います。「いま・ここ」の状態のほうがリアルであるはずなのに、それをウソのように扱う計画概念の倒錯を暴いた。

原田 そう。だから、ずっと終わらない世界を標準として捉え、僕らは終わらない世界の調整をしていく。きっと、ハモニカ横丁も死ぬまでの過程がいいんですよ。その死期を永遠に延期していくようなことができたらと思っています。

手塚　いま、僕が心配しているのは、ガウディのサグラダファミリアがそろそろ出来上がってしまうこと。永遠に完成しないサグラダファミリアがバルセロナの象徴だったわけだけれど、それができたらどうなるんだろう。バルセロナは死んでしまうかもしれない。

原田　出来上がっても、修理は必要でしょう?

でもよくできているんですよ。この先数世紀は維持できると思う。定常的に壊れる因子を潜ませておいたほうがいいのかもしれませんね。みんなでケアしなきゃと思わせる、コントロールできる程度のがん細胞のような(笑)。

倉方　森は人の手が入らないと生き続けるというけれど、じつは定期的に壊してやらなきゃいけないそうです。定期的に部分伐採すると遷移が起こり続けるから、森は死なない。生きていくためには、破壊要素をいい具合に入れていくことが生き続けるコツらしい。

都市もそうだと思うんです。固定しているということはありえない。何かができて、何かがなくなっていく。しかし、それを生きている都市と呼ぶためには、野放図ではダメでしょう。生物でも、ある種の環境でも、物質が出たり入ったりしながら、ほかと

みん
サービス
~19:00
ール（中瓶）セット
970円→750円

は区別される一定の状態を保っているから、生きていると言えるのですから。都市にとって必要なのは、そうした定常状態をどう設計するか、計画するかということかと。

原田 そうですね。よく考えられたいいものは残していくべきだし、そうじゃないものは壊していけばいい。

倉方 その壊した後に、一層しょうもないものが建つじゃないですか。

原田 以前、僕は食糧ビルで開催された最後の展覧会にかかわりましたが（「エモーショナル・サイト」佐賀町エキジビットスペース、二〇〇二年）、あの解体はくやしかったですね。デベロッパーの背後にいる銀行を説得する方法が、アートにも建築にもなかったわけだから。

倉方 特異な空間体験ができる場所が都市の中になくなり、どこに行っても平板な空間、チェーン店のインテリアのような経験しかない都市になってしまうことは何としても避けたい。今、われわれの経験は、そういうものに埋め尽くされてしまっています。東京で生まれても地方で生まれても、バルセロナ生まれの人も、チェーン店化されたインテリア空間の中で人生のかなりの部分を過ごしている。実に奇妙な状態ですよ。

バルセロナのような観光地でも、地元の商店より、世界中どこにでもあるＧＡＰみたいなお店にお客さんが集まるような現状がある。もう少し持続的なサイクルを生み出していくことができると、観光客にとっても、住む人にとってもいいはずなんです。税金を投入してでも、そういう経験を保持しないと、人間がますますやせ細ってしまうと思います。

エリアの価値を上げる方法論

原田　有機体ってありますよね。都市がそう見えることもあるし、僕が住んでいた静岡県焼津市も昔の街並みが残っているところは有機体なんです。でも、そこにバイパスが通りざっくり切られると、そのまわりから人が散り始めてしまう。有機体の編み物がほつれていってしまう感じ。なんとなくまとまって、システムをなしていた有機体の価値をきちんと語る方法があったらいいと思いますね。

倉方　ほんとうに。共編著した『これからの建築士』（学芸出版社、二〇一六年）では、生態系という言葉でそれを表現しました。文京区内で銭湯の存在を見直す活動を展開して

「食糧ビル」外観（画像提供：佐賀町アーカイブ）

いる建築家の栗生はるかさんたちとの対話の中でですが、銭湯がなくなると、近くの商店も消え、いつの間にかマンションが建つでしょう。地域で暮らすおばあちゃんが銭湯に通い、そこに集まる人たちとコミュニケーションを取ることで、それぞれの生活や健康状態を確認し合うような関係性があったのに、それが断たれてしまう。一つの建物に対する愛着だけの問題ではないんですね。大木を倒したら、当たり前にあった雑木の木陰も失われてしまうかもしれない。構築物と人間の行為とをあわせて、人工的な生態系として経営すべきなのです。

原田　マンション系のデベロッパーは、気持ちのいい場所にボンと建てますからね。その土地がもともと持っている価値にすがって建物をつくるわけです。でも、そのやり方がまずいと思っている若いデベロッパーたちもいるんですよ。自分たちがつくるマンションはそのエリアの要素になるわけだから、地域の価値を受けるだけではなく、価値をつくるべき立場である。たとえば、採算性をふまえると低層より高層のほうがいいけれど、低くつくることでそのエリアとしての収益は逆に上がる。そんな当たり前のことに気がつき始めている。すごくいい転換だなと思っています。その価値はデベロッパーだけではなく、エリア全体に還元されるべきですね。

倉方 縦割りではない、横断的なエリアマネジメントが必要なんでしょうね。個々が得をしながら全体も得をするために、公共の出番もあるはずなのです。競争社会を正しく成立させるために、時にあるエリアを公共で規制する必要もあると思います。

原田 そうですね。吉祥寺だって、ハモニカ横丁がなくなったら、エリアの価値が落ちると思います。具体的には、吉祥寺全体のテナントや賃貸住宅の賃料が下がるでしょうし、住みたい街ナンバーワンの地位からも陥落してしまうでしょうね。最近、銀行がデザイン、つまり定量化できない価値に対してお金を出すようになってきましたね。そのとき何が根拠になるかというと、歴史なんですよ。これだけうまくいっているのだから、これと同じようなやり方をすれば成功すると帰納的に説明する。吉祥寺のハモニカ横丁のうまくいっている現実があるわけだから、銀行だってその価値を認める可能性はあると思う。計画的、演繹的なやり方ではつくれないものですから。

倉方 ハモニカ横丁は、今までのよくわからないやり方があったからこそ、賃料がここまで高まった現実がある。そのよくわからないやり方をとるということが、ここでは一番いい方法だと言えるはずです。それが、ここに来る人にとっても、吉祥寺に住む人にとってもいいということをどう示していくか。再開発の論理に向き合う言葉が必要ですね。

ハモニカ横丁で起こっている状態は、無秩序でもないし、レトロでもない。パッと名づけられないじゃないですか。

原田　建築の世界ではまだ定着してないかもしれないけれど、ホメオタシス（恒常性）のような概念かもしれませんね。

倉方　そうですね。生物的な何かですよね。取り替えのきかない自分を生きているという実感をみなが求めている。おそらく、それはこうあれと決まった世界ではないでしょう。だとすると、うごめく取引きと関係がありそうです。お金を敵と見るのではなく、本質的な経済ともっと私たちは友達にならなくてはいけない。食い尽くすものでもなく、とどまって食い尽くされるのを待つようなものでもない。そんな原理が生み出せるはずです。

ハモニカ横丁を三鷹に誕生させる、というハモニカ横丁ミタカの一見してわかりやすい表面の裏に、精妙な器官が潜んでいることを今日は知りました。この表と裏の両方があるからこそできることは何か、もっと考え続けたいですね。それが次の「ハモニカ横丁」をつくる母体になる気がします。

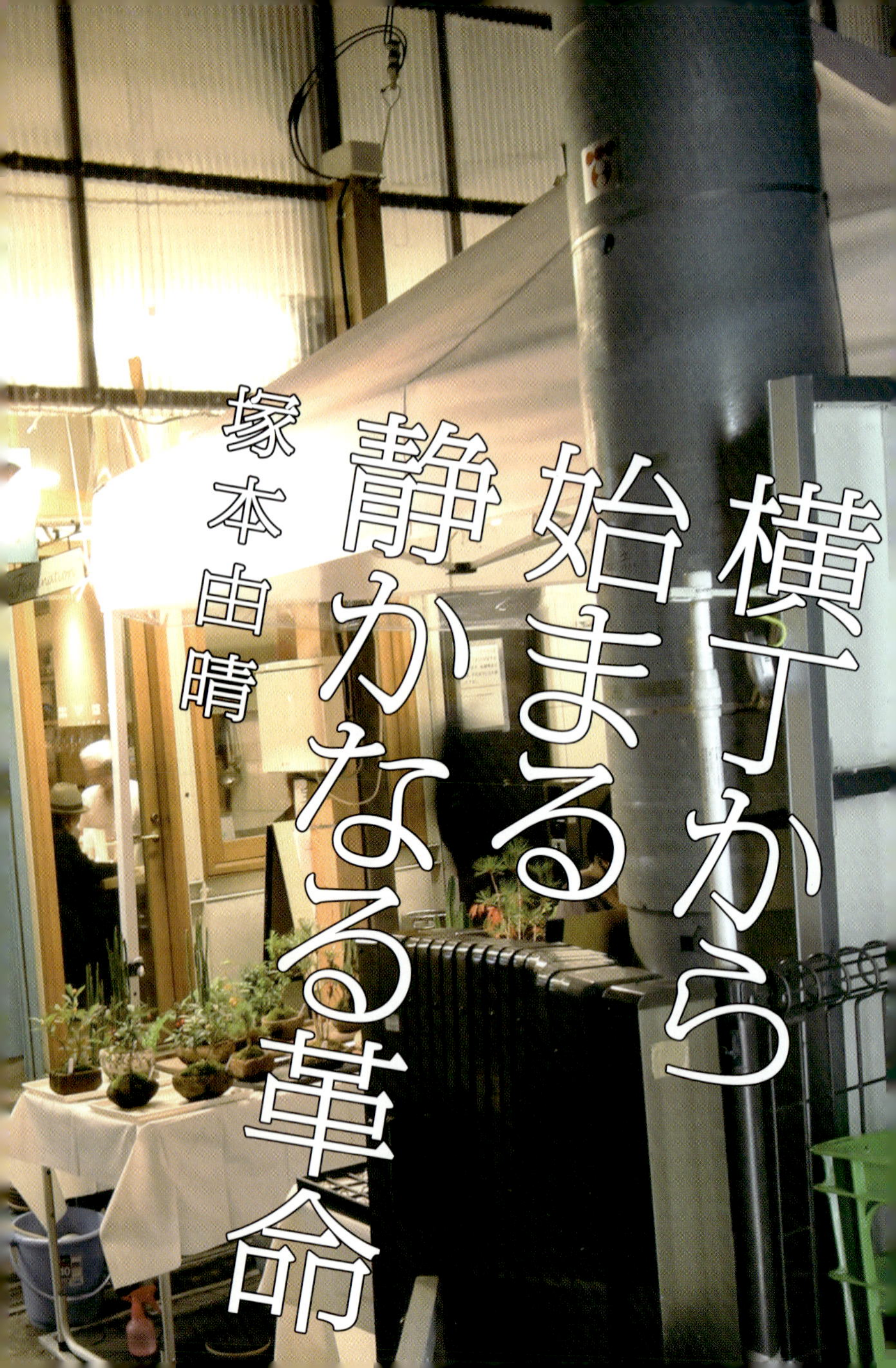

横丁から始まる静かなる革命

塚本由晴

人々のふるまいがもつ価値　一三二頁
個でも公でもない空間　一三七頁
生産と消費の間にある障壁　一四四頁
障壁を崩すのも建築の役割　一四七頁
近接が生み出すコンテクスト　一五四頁
「人々」を取り戻す　一五九頁

塚本由晴

つかもとよしはる

建築家

1965年、神奈川県生まれ。1987年、東京工業大学工学部建築学科卒業。1987～88年、パリ建築大学ベルビル校（U.P.8）。1992年、貝島桃代とともにアトリエ・ワン設立。1994年、東京工業大学大学院博士課程満期退学。博士（工学）。現在、東京工業大学大学院教授。主な作品：ハウス&アトリエ・ワン（2005年）、みやしたこうえん（2011年）、BMWグッゲンハイム ラボ（2011～12年）、北本駅西口駅前広場改修工事（2012年）ほか。

千葉
青くび大根
JA千葉みらい

日本酒
玉乃光
李白 やまたのおろち 九〇〇円
初孫 魔斬り 純米酒（山形） 九〇〇円
やまとしずく 純米酒（秋田） 九〇〇円
八海山 九〇〇円
菊姫 一、〇〇〇円
十二六 どぶろく 五四〇円
五橋 西都の雫 九〇〇円
新米新酒上善如水 純米吟醸（新潟） 九〇〇円
エプロン

おでん屋「エプロン」内観

人々のふるまいがもつ価値

倉方　塚本さんは、おでん屋「エプロン」の設計を手がけていますが、ハモニカ横丁のような場所のことをどのようにとらえていますか？　というのも、塚本さんの著書『コモナリティーズ』（アトリエ・ワン著、ＬＩＸＩＬ出版、二〇一四年）を改めて読み直してみたのですが、そこで書かれていることは、ハモニカ横丁で起こっているふるまいを論理化したものではないかと思ったんです。

塚本　どんな環境、どんな人の集まりにも、人々が繰り返し実践することによってつくり上げられる均衡のとれた状態があると思います。そこにかかわる人たちがその場を切り盛りするスキルがあるから、自分たちで考え、自分たちのやり方で動くことができる。それがとても大事だと思うんです。

そういう人々のふるまいがもっている価値をもっと盛り立てていかないと、産業の世界が介入してきてしまう。人々が自ら考えてやろうとしていることを産業的に肩代わりして市場に組み込んでいくのは、その場所を健全なかたちで維持する良い方策ではないんです。そういう問題意識から『コモナリティーズ』を書きました。ハモニカ横丁は、計画的には再現できない奇跡的な空間で、人々にすごく支持されています。ここに来ると、人と空間の関係ってこうだよなと、すごく勇気づけられる。

建築はモニュメンタルなものであり、それをつくることが建築家の能力を発揮する場であるという考え方は根強くあります。でも私が学んだ坂本一成さんはそうではなく、タイポロジーを踏まえて、日常性の空間の中にある建築性を表現しようと試みていた。私は坂本さんのもとで、モニュメントではない建築に非常に深い建築性があるということをたたき込まれました。その展開として人々による空間の実践、建築の型やモノとして定着されないふるまいの中にある空間性を考えようとしている。パブリックスペースや形のないものへの関心は、若い学生の間にも広がっています。

倉方 人々は自分の空間や使い方を整序する能力をもっているのに、安全や均一化という名目で、建築家は、そういう能力を先回りして奪うことにかかわってきてしまったと。

塚本 建築家はその専門家として雇われている。特に二〇〇〇年以降、格差社会ということが言われるようになって、人々は本当に追い詰められています。

倉方 たしかに、戦後の丹下健三による広島ピースセンター（一九五五年）や倉敷市庁舎

エプロン 本日のおすすめ
◎千日の昆布〆め 780円
◎北海タコの生姜正油和え 680円
・えびとアボカドのわさびマヨ和え 680円
・湯葉の刺身 だしわり正油で 680円
◎合鴨の一夜干し焼き 680円
◎春野菜酢みそ和え 580円
ドリンク
ビール
◎いわしの青さつみれ 380円
・じゃが芋バター 380円
・三陸のわかめ 380円
◎ゆり根と納豆のがんもどき 480円
◎とまとにとろろ昆布 480円
◎佐助豚のロールキャベツ
・牛すじのハリハリ仕立て

2月4日(木)
澤乃井立春朝搾り
720ml
一合 九〇〇円
坂野美
お申込のこ
場所：エフ
日時：2月26
時間：19:00～
会費：4，000円

（一九六〇年）の当時の写真を見ても、いい意味で人々が乱暴というか、整序されていない群衆が丹下さんの建築とぶつかったときにいい状態が生まれている。当時は建築家が整序する側に回っても、バランスが取れていたと思うんです。でも、社会がだんだん弱体化して、建築家が計画学的に整序するだけでなく、さらに高度な整序手段で批評的にかかわってくると、そのバランスが崩れてしまう。

塚本 リスクを排除することはもちろん大事ですが、運営側、管理側がすべて責任を取らされるという強固な前提のもとに、これはできない、あれはできないとなり、人々のふるまいが制限されていくことになる。そういうプロトコル・デザインがデファクト・スタンダード化していく。それは裏を返せば、新しい中心をつくることによって、非接触でいながら周縁をヒモづける戦略です。スペインが世界地図を製作しようと考えた一五世紀ぐらいから、形を変えながら継続されてきているので年季が入ってますよ。人々はいつもそれにのみ込まれ、付き合わされることになる。そういうのから逃げ出したいけど逃げられない（笑）。

倉方 そこから抜け出したいけれど、下手をすると味方を敵だと信じて、誤射してしまう可能性もあるのが現在だと思います。

塚本　そう。敵も味方もよくわからないんですよね。自分も敵なんですよ。だって、その中で育ってきたし、生活をしていますから。

そもそも、個と公の分割モデル自体が近代的な装置なのではないか。国民や市民という単位が想定されるようになったのは、明治に開国して国民国家の体《てい》をなさなきゃいけなくなってからです。公をつくらなくてはならないので、公のほうから特定される個が生まれた。個の定義に公が入り込むというのか。そのことで生まれる社会的障壁がいろいろなところにあり、みんな辟易しているんですよ。その障壁をどうやってつかみ、崩していくのか。それは建築的な問題だと思います。

個でも公でもない空間

塚本　最近、『ウィリアム・モリスのマルクス主義』（大内秀明著、平凡社新書、二〇一二年）を読んだのですが、モリスは社会主義者だったけれど、エンゲルスにバカにされていたみたいですね。おまえ、そんなロマンチックなことを言っているんじゃないよ、国

断面詳細パース　S=1:50

「吉祥寺エプロン」2012年
東京工業大学塚本研究室＋アトリエ・ワン

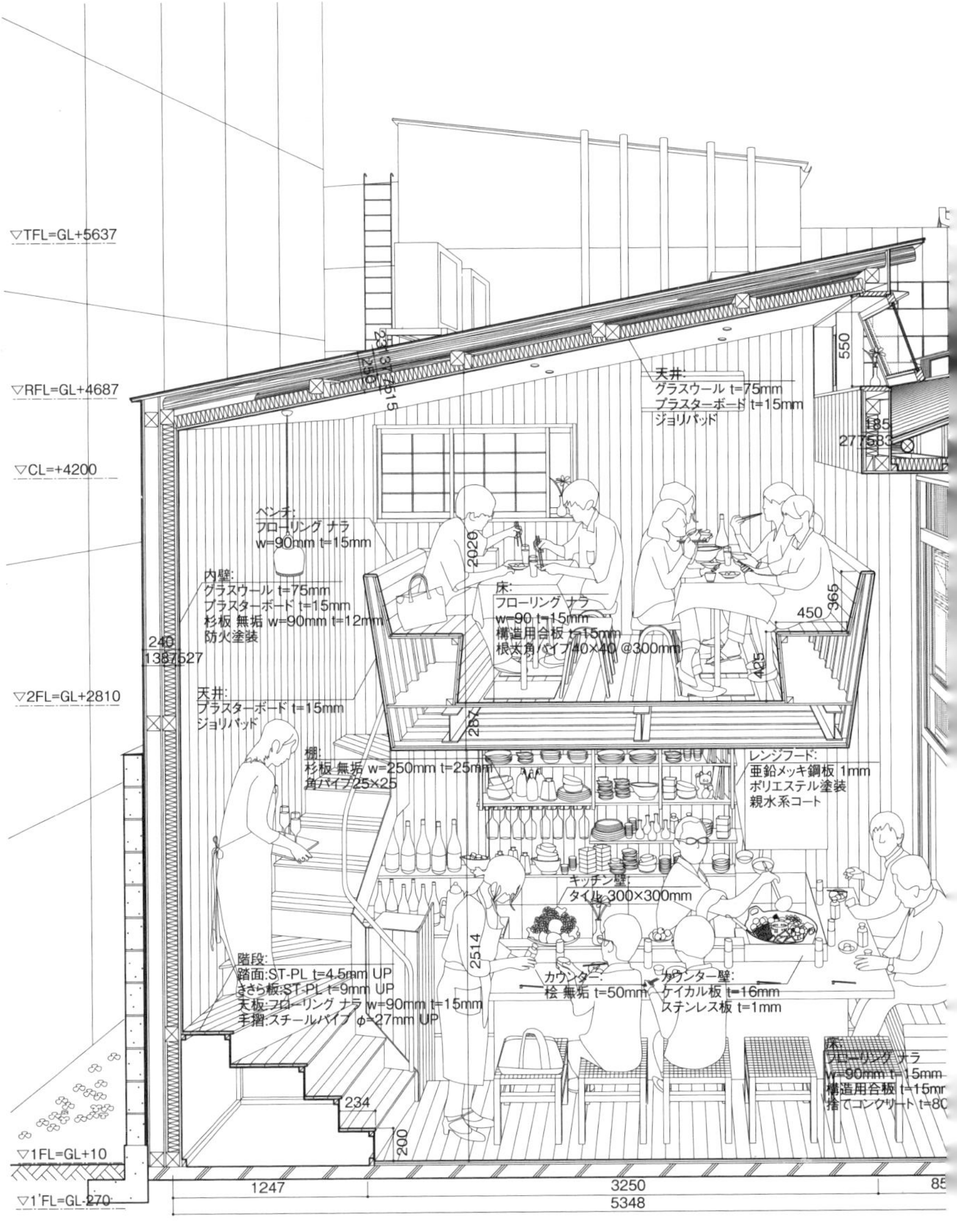

家にガツンとやらなきゃ勝てないんだよと（笑）。

倉方　お花畑ばかり描いている場合じゃないと（笑）。

塚本　当時、集団的手段による個別的利潤が生まれている、つまり、人々を集め機械化してつくったものを個人つまり産業資本家が独占している状態になっていて、それはけしからんとエンゲルスは言うわけです。個別的手段による個別的利潤の段階から、集団的手段による個別的利潤への変化に対する疑念から、集団的手段による集団的利潤を追求する、つまり労働者独裁によるプロレタリア国家をつくるべきだと考えていくわけですね。

でも、モリスの考えは違ったそうです。産業資本家が出てくる前のものづくりは、それぞれの人が働いて、働いた分だけそれぞれもらっていたとされているけれど、そもそも技術はギルドで共有されるものだと。スキルはマスターから教えられ、下の世代に伝えていくものだから、個別的手段ではないと考えるわけです。モリスの中には、働くことは原罪に対する償いではなく芸術になっていくという、キリスト世界の支配的なそれとは違う労働観があり、アーツ&クラフツ運動につながっていきます。

私が『コモナリティーズ』で言わんとしていたことは、それとすごく近い。個に分けられないところから空間を考える方法をどうすれば身に付けられるか。僕らがやっていることは、その実験や演習ともいえるのかもしれません。

倉方 なるほど。

塚本 ハモニカ横丁に来るとますますその実感が強まるんですよ。こんな危なっかしいところでよく酒が飲めるなと（笑）。これはみんなで結託しているからですよね。

手塚 結託している⁉（笑）

塚本 もちろん、手塚さんが苦労されているのもわかっているけれど（笑）、そうはいっても、ここにいる人たちとある種の思いを共有しているんですね。でなきゃ、ここに人々は集まってこない。

倉方 椅子を引かないと人が通れない、火事になったらそれぞれの逃げ方をしなくてはいけないとか、要するに結託しなくては維持できない空間の条件があるからこそ、こういう状況が生まれていくということですね。

塚本 社会的にみれば、ここは明らかに脆弱な環境です。建物や都市計画で守ろうとすると、今現在ここにある空間の質は失われてしまう。それを何で補うかというと、人々のスキルや知恵が必要になってくるわけです。

ハモニカ横丁のれん小路

のれん小路

手塚　むしろ、都市計画はこういう場所を壊そうとしますよ（笑）。

生産と消費の間にある障壁

塚本　東京で生きるということは、どこかで戦争で焼けたという問題を抱え込むことだと思います。東京に戸建て住宅地がこれほど広く蔓延しているのは、金を使い果たしたあげく戦争に負け、七年アメリカに統治され、大胆な復興都市計画ができなかったからでしょう。

関東大震災の後に同潤会がつくられたように、当時の都市計画の専門家は生産性も高く、寿命も長いまちづくりのやり方を知っていたはずなのに、結局そうはならなかった。戦後の状況では自力でできる人から家を建てるのが一番手っ取り早い復興だったし、農地改革で大型の農地が各小作に分与されたから、のちに住宅地に転じる私有地が増えて、住宅地がここまで広がったんです。そこに楽しく住んでいる私たちはじつは敗戦の条件にまだ取り囲まれているともいえるんです。その感覚が払拭されつつあ

る今の世の中だからこそ、住宅でできた東京をそういうふうに眺める視点が大事だと思うのです。戦争体験者が亡くなっていく時代でもありますから。

倉方 最近、モリスの『ユートピアだより』(岩波文庫、二〇一三年)を再読したんですが、モリスの言うユートピアはとにかく、美しい。必要なぶんだけ自分たちでつくり交換すればいい。生産と消費と分けるから利潤という考えが生まれてしまう。生産と消費と分けて考えるところがそもそも間違っているとモリスは言っていて、社会主義思想につながっているんですね。

商売人と消費者と分かれていた世界が崩れた戦後のヤミ市というのは、モリスの言うユートピアとは全然違う回路ではあるけれども、どこか共通性があると思うんです。敗戦後、着の身着のまま逃れてきた人たちが、それまで商売なんてやったことがなくても生活のために、商売を始める。満州に行っていた人が、現地で食べていたものを思い出しながら餃子屋さんを始めるようなことが各地で生まれ、ヤミ市が形成されていきますね。それが戦後のパワーになっている。

塚本 戦争のような混乱があると、消費者と生産者の間にある障壁が崩れるということでもあります。

倉方 そうですね。ハモニカ横丁では、消費者と生産者の間の障壁がぐちゃっとなった戦後の状態が残っていて、素人っぽい商売が起こっていたり、飲む人も画一的に消費するだけでなく、時にサービス側に近いふるまいが求められたりする。それは、モリスの言っていたユートピアとも無縁じゃないような気がするんです。

障壁を崩すのも建築の役割

塚本 東京は地震も戦争も経験しているから、一〇〇年以上建っている建物の中で酒は飲めないでしょう。でもヨーロッパに行くと、かつての教会がレストランになっているような場所もあります。レストランというプログラムを組み込むことで、昔からあるものと今生きている人間が同じ場所にある状態を成立させている。このようにどんなモノと人、人と人が同時にあるかで定義される空間を「メンバーシップの空間」と呼ぶと、日本の構築環境は、産業システムがつくり上げたメンバーシップに限定されていて貧しい空間だと思うんです。

たとえば、東日本大震災の被災地では、復興予算が有効な期間中に必要数つくれるだけの建設能力が東北、特に三陸地方にはそもそもないから、どうしても大手企業が入ってくる。大手は独自の流通網をもっているから、地元の木を使うことにはならないでしょう。三陸の漁村の背後の山には家をつくるために育てられ続けてきた杉や桧《ひのき》があるのに使えないということです。建設のアクターネットワークから地域の木や、場合によっては職人もはずされてしまう。地元にある資源が建設にアクセスできない。これが産業がつくり上げた障壁です。

千葉県香取市にアトリエ・ワンが設計した「恋する豚研究所」(二〇一二年)があります。農地だったところに建てられたこの建物は樹齢四〇~五〇年ぐらいの杉林に囲われています。じつはこの林は間伐しなければならないのに、担い手がいないので、光が入らない暗い森になっています。ここを運営する社会福祉法人の福祉楽団は、就労支援A型の枠組みでこの建物を障がいのある人が働ける工場や、レストランとして建て、運営しています。彼らは、人へのサービスだけでなく、空間を美しく維持することもケアであると考えて、アトリエ・ワンに研究所の建物のデザインを依頼しました。その考えを広げて、ケアは地域の環境まで及び、この森もケアすべき対象だと認識するに至り、周辺で放置されている森や里山を再生する意欲のある企業を集めて里山管理会社をつくって、森を間伐し薪や家具をつくる事業を準備しています（次頁）。薪割りや間伐という仕事は、危険をともなうので、障がい者には任せられないと思われがちですが、エンジンで圧力をかけて丸太をバリバリッと割るスプリッターという機械がその障壁を下げてくれます。薪を割るまでの全作業を分解していくと、障がい者でも高齢者でもできるところが見えてくる。そこを取り出してマニュアルをつくりきちんと教えれば、安全に作業ができるのです。そうやって仕事が生まれれば、今までいなかった人たちが森にいられるようになる。メンバーシップから見るととても面白い空間です。施設の専門性に依拠しがちな建築は、社会の中で障壁をつくることもあるけれど、それを崩していくのも建築的想像力と言えるはずですよね。

倉方　それぞれの性格や能力に応じてつくることが肯定されるのは、それが交換される社会があるからこそ。内発的な分業があるからこそ、人と人が分かち合える。

塚本　同じ空間の中で行われていれば、それは分業というより協業状態です。ひとりの人が一つのことしかできないのではなく、いろんなことができる状態。空間のディメンションが小さければ、いろんなものに取り囲まれていることが自然にわかるけれど、それ

「栗源第一薪炭供給所(1K)」2014年〜
アトリエ・ワン＋福祉楽団

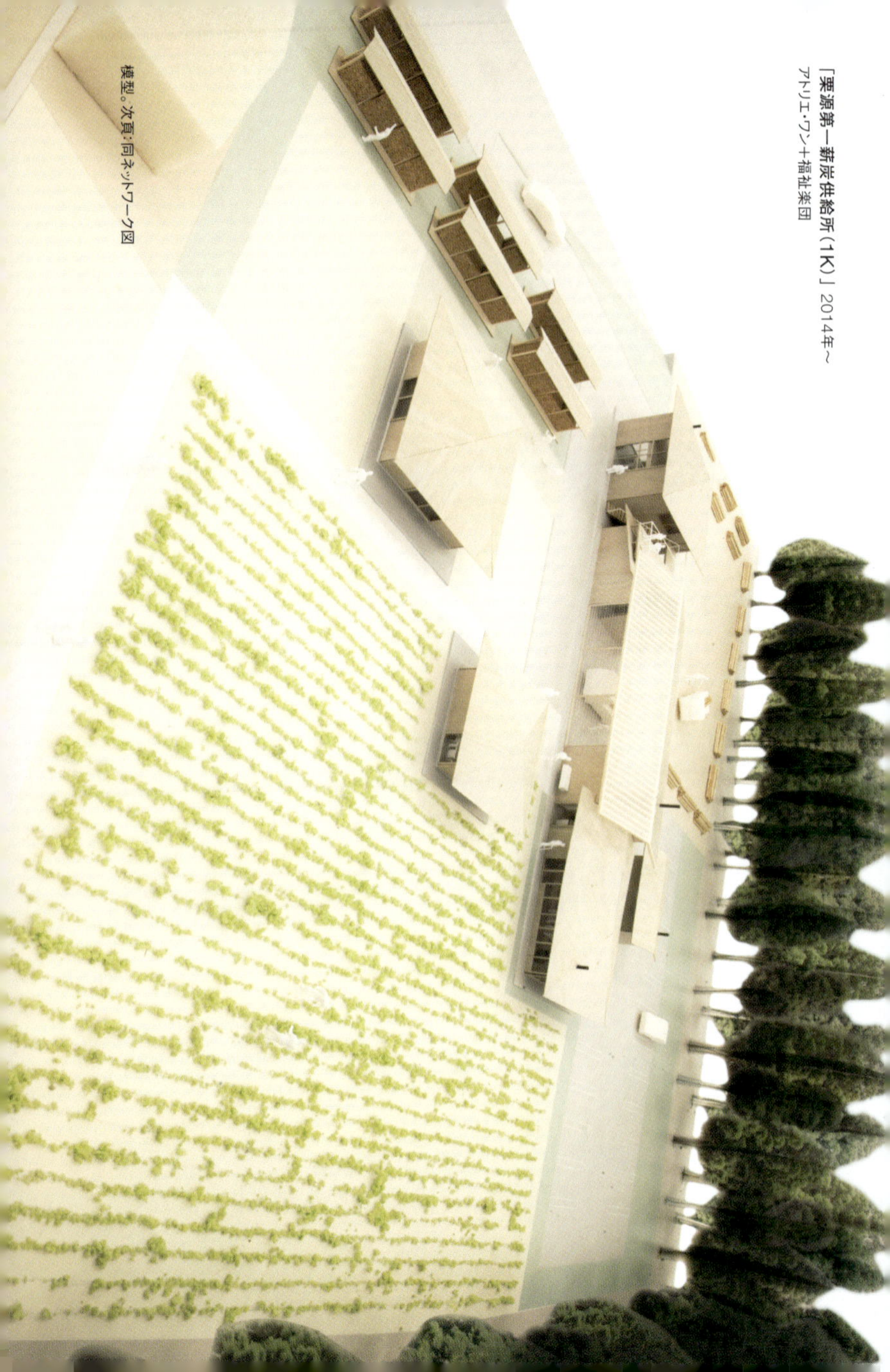

模型。次頁:同ネットワーク図

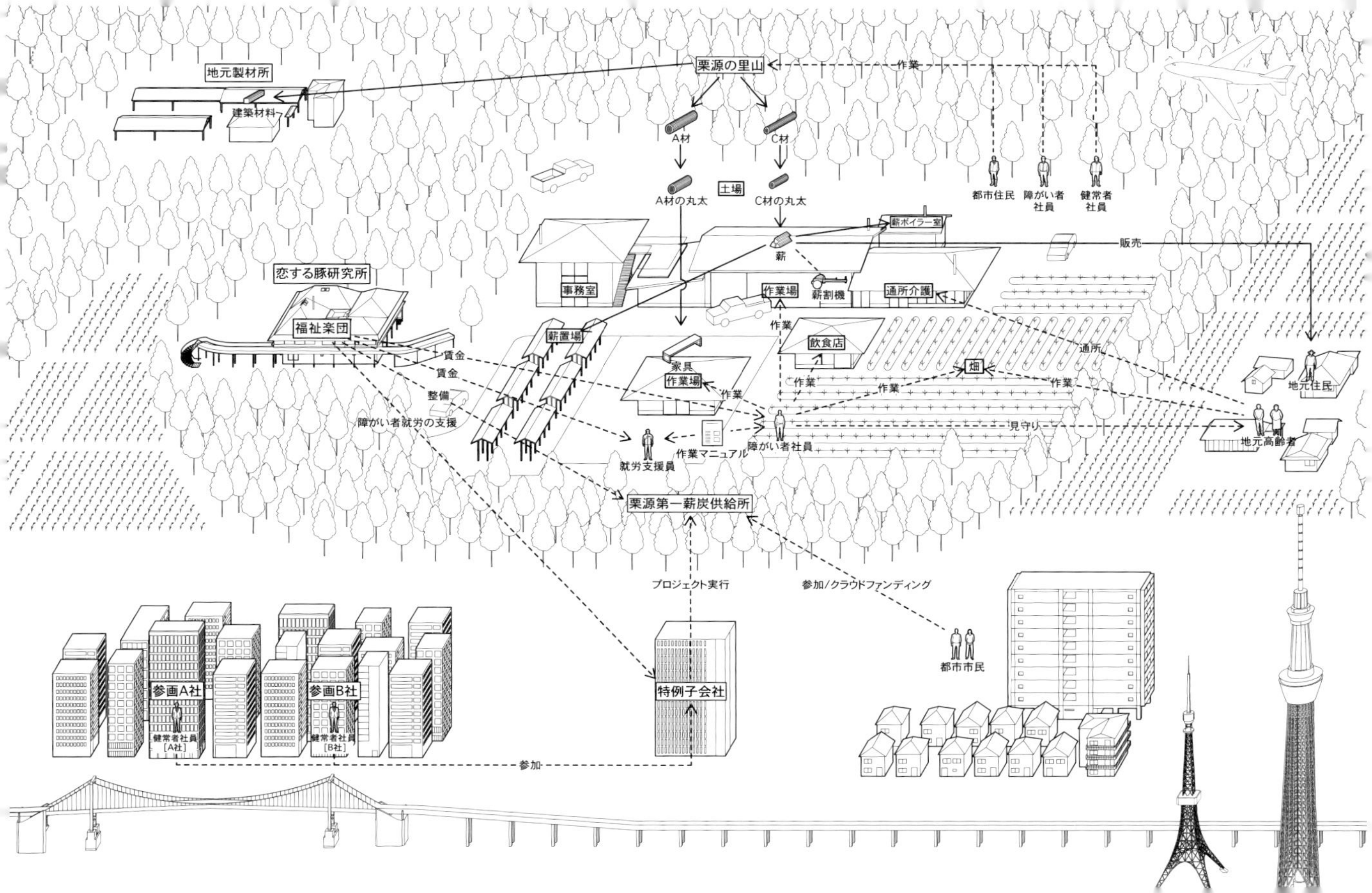

栗源の里山
作業
地元製材所
建築材料
A材
C材
A材の丸太
土場
C材の丸太
都市住民
障がい者
社員
健常者
社員
薪ボイラー室
販売
薪
恋する豚研究所
事務室
作業場
薪割機
通所介護
福祉楽団
薪置場
作業
飲食店
通所
賃金
賃金
家具
作業場
作業
畑
作業
作業
作業
地元住民
整備
障がい者就労の支援
見守り
就労支援員
作業マニュアル
障がい者社員
地元高齢者
栗源第一薪炭供給所
プロジェクト実行
参加/クラウドファンディング
都市市民
参画A社
参画B社
特例子会社
健常者社員
[A社]
健常者社員
[B社]
参加

が引き離され、完全に専門化してくると、何に取り囲まれているのかわからなくなる。

倉方 そうした思想は、塚本さんが住宅から出発したから生まれるのだと思います。住宅は家族と場所を共有し、その中で協業しなくてはならない。それが暮らしというものですね。住宅の中で起こっている、寝る、食べるという行為は単純に独立していません。

近代社会は人間の営みを分割してきたから、住宅も家族という固有の単位が集まるレクリエーションというか、休息をとるための場所という、閉じたものとして一般には認識されてきた。いや、しかし、そうではないということを実践と論理で追求する、東京工業大学の一系譜におられる。

塚本 住宅におけるレクリエーションというのは、生殖としてのレクリエーションと労働力のレクリエーションという二重の意味がありますね。それは、生産性を上げるために位置づけられた役割だけど、住宅にはそうではないものが含まれている。それはふるまいの反復性です。ラグビーの五郎丸選手のポーズが注目されていますが、いつも同じことを繰り返すことで気持ちを落ち着かせるルーティンというものは、本当は建築が一番得意な分野。何も考えなくても自然と同じようにふるまう空間的しつらえが、建築のクオリティを左右すると言ってもいい。「ふだんプレミアム」というパナソニックのCMもルーティンをよくしようというメッセージですね。産業がついにそういうところに触手をのばしてきたかと、警戒心を高めているんですが（笑）。

倉方 生活のルーティンは、空間に強要されないと生まれない創造行為ですね。

塚本 ルーティン自体は誰もが行っていることですが、質の違いがあることが問題です。われわれ建築家が住宅をつくるとき、そこに住む人がご飯を食べる、お風呂に入る、洗濯物を干す、寝る、といったルーティンを、どれだけ質が高く洗練されたものにするかが大事だと思っています。

以前からつくってみたいと思っているのは、歯磨き室（笑）。現代人はみんな歯を磨くでしょう？　でも、毎日の歯磨きがものすごく楽しくなるような歯磨き室はつくられたことがない。たとえば、季節に合わせた色づかいの歯ブラシが三六五本並んでいて、毎日違う歯ブラシで磨くとか（笑）。朝の光は歯磨きに対してどう効いてくるのか、あるいは夜に歯磨きをするときにどのような照明をどう当てるといいのか。そんなことを考えていくと、いろいろな可能性があると思うんですよ。歯ブラシは安いから、意外にコストがかからないのもいい。

倉方 三六五本あったら、一生もの（笑）。

塚本 三〇年使ったって、一本一カ月分しか使わずに済むから、一生歯ブラシを買わなくてもいい（笑）。ぜひやってみたいと思っています。

倉方 たしかに、そういうルーティンは空間でしかつくり出せないものだと思います。日々新しい、活気あるルーティンをつくるところに、設計者の意義がある。

近接が生み出すコンテクスト

塚本 私たちが設計した「ＭＵＪＩ ＢＯＯＫＳ 有楽町」（二〇一五年）では、キッチン用品の脇に料理レシピの本、旅行用品の前に旅行の本というふうに、モノと知が同じ場所にあるよう、売り場に本棚を挿入していきました。互いが互いのコンテクストをつくりながら、その意味を深めていく面白い関係性が生まれています。また本棚の選書を担当した編集工学研究所の松岡正剛さんが面白いことをおっしゃっていました。建築には階段、窓、屋根、柱などたくさんのエレメントがあり、そのそれぞれが異なる経験をともなっているので、それを本の居場所のアドレスとして考え直すと建築も変わる

アトリエ・ワン「MUJI BOOKS 有楽町」2015年

だろうと（松岡正剛×塚本由晴＋貝島桃代／アトリエ・ワン「関係性のかたち 本棚から建築・都市まで」『新建築』二〇一五年一二月号）。

倉方　本を読んでいるうちにほかの本を手にとってみたくなるというのも、空間のディメンションが発生させる行為ですね。一〇メートル先に並んでいても発揮されません。

塚本　近接だからこそ他者に影響を与えるコンテクストをつくり、そのコンテクストがこちらに意味を投げ返してくるという関係が生まれる。インターネットでブラウジングしていると、「この本好きでしょ？」と推薦してくるのとは違う他者との関係がある。

倉方　そうですね。いま、若い人が横丁のような場所やその配列に意味を見出しているのは、そういう価値を感じているからだと思うんですね。同じものでも小さなスケールで並んだ時に、インターネット上では起こらない意味が発生する。

塚本　この店（エプロン）も店の前の路地から鍋の中が見える距離から始まっています（笑）。

倉方　なるほど。

手塚　この鍋は拾ったものなんです（笑）。

塚本　この鍋との出会いが、おでん屋というコンテンツを呼び、それがさらにアットホームな雰囲気を求め、インテリアデザイナーではなく、建築家に頼んでみようということでアトリエ・ワンに声がかかった。

ハモニカ横丁ではそれぞれの店が開放的で、路地にはみ出るように酒を飲んでいるじゃないですか。ここでもその雰囲気を狙ったのですが、実際にははみ出すことはできない。ならば狭い間口を一枚の大窓にして、全開できるようにすれば、ほとんど外部のようになれる。座る場所が組み込まれているこの窓が、この店の主役です。

倉方 大きな窓を境に、中と外が連続した空間になる。

塚本 この席は開放感があって気持ちがいい。ここが埋まっていると帰ってしまうお客さんもいるくらい（笑）。

手塚 その席は大人気ですよ。開放的でかつ上品だから、みんなが座りたがる。数年経ちますが、だんだんいい雰囲気になってきましたね。

倉方 内装の仕上げなどはどう決めていったんですか？

手塚 塚本さんは、とんかつ屋の「とんき」に影響されていましたね（笑）。

塚本 閉店してしまったんですが、自由が丘の「とんき」はとんかつ屋なのに窓にレースのカーテンがかかっていて、いっさい油汚れがついていないんです。カウンターも毎日、しぼった雑巾で拭いているんでしょう、うっすらと起毛したような滑らかな手触りで、

Fascination
エプロン
SALE

それだけでうれしい気持ちになる店でした。ここでもカウンターを桧にして、壁は杉板で仕上げました。女性ひとりでも入って来られる、あたたかみがある感じにしようと。
二階はもと倉庫ですが、床の一部を抜いて小さい吹き抜けをつくり、ファサードの窓を二層にまたがる大きさにしました。吹き抜けに面した二階席の手すりがベンチの背もたれになっています。

倉方 座り心地から全体を考えられたんですね。だからこそ、ひとりでも来やすい雰囲気が生まれ、多くの人に受け入れられているんでしょうね。

「人々」を取り戻す

手塚 エプロンをつくるときに測量をしたら、隣の店との隙間に、誰も使っていない小さな土地があることがわかったんです。地主さんに相談したら、商店会が管理するなら使ってもいいということになったので（笑）、塚本さんに相談して、ここをギャラリーにしようと考えているんです。

塚本　ここはもともとヤミ市だったから、このスペースは闇にしようと思っています（笑）。すごく暗い空間をつくり、そのなかで小さな作品を鑑賞しようと。

手塚　塚本さんは、コールタールを塗りたいと言い出して……。いったいどうなるんでしょうね（笑）。楽しみにしているんです。

倉方　エプロンでは、近接性によって新しい関係性やクリエイティブなものを生みだすことを試み、さらに隣の隙間でも実験的なことを始めている。小さいところから社会全体を変えていこうとしているのが印象的です。これは静かな革命ですよ。すぐには変わらないかもしれないけれど、一〇〇年ぐらいするとちゃんと効いてくる。

塚本　でき上がったシステムに預けすぎてしまったから、いろんな問題が起こっているということを、みんなよくわかっているんです。国民、市民、住民ではない「人々」が足りないんですよ。今こそ、人々を取り戻すときだと思いますね。

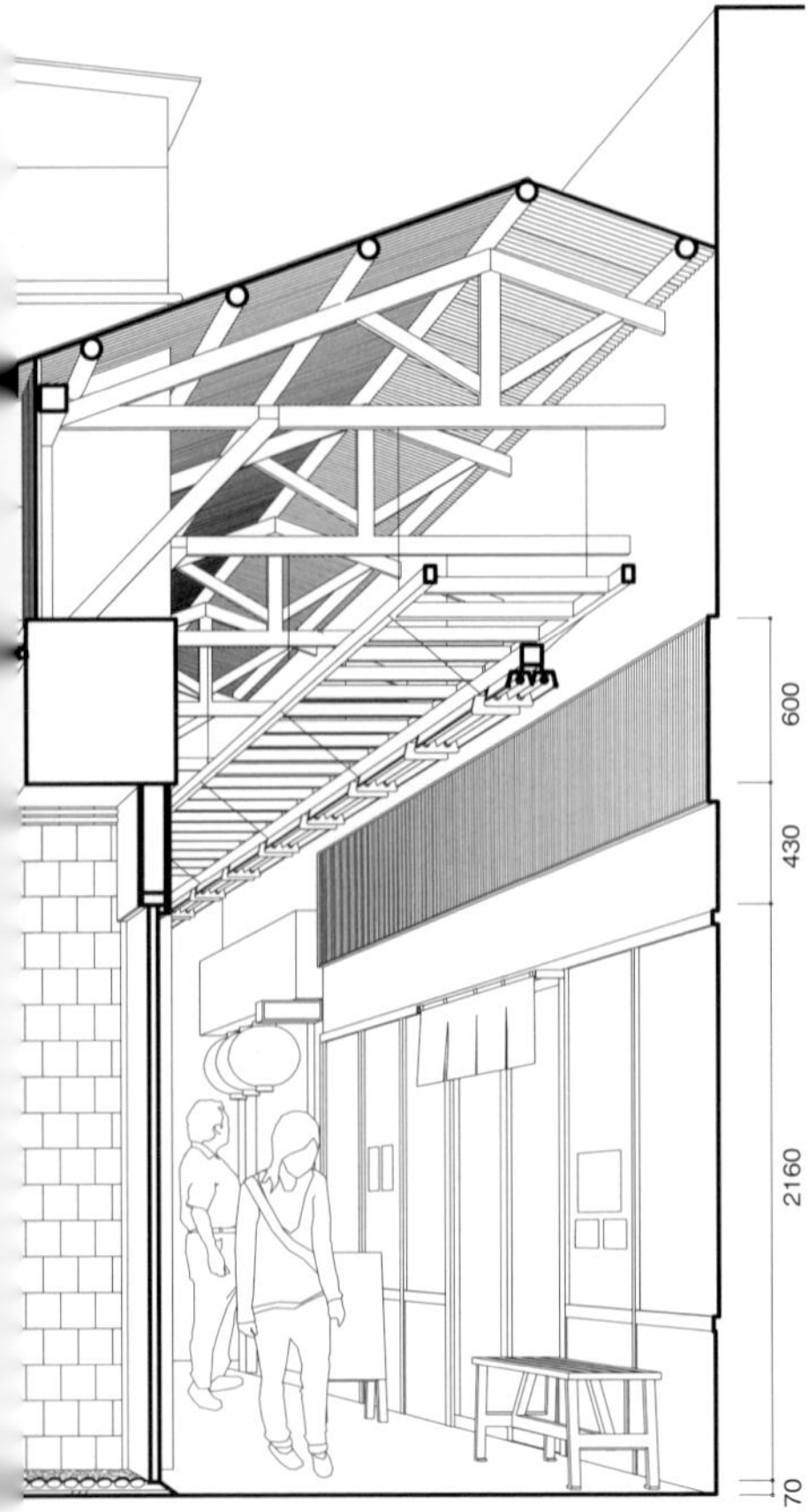

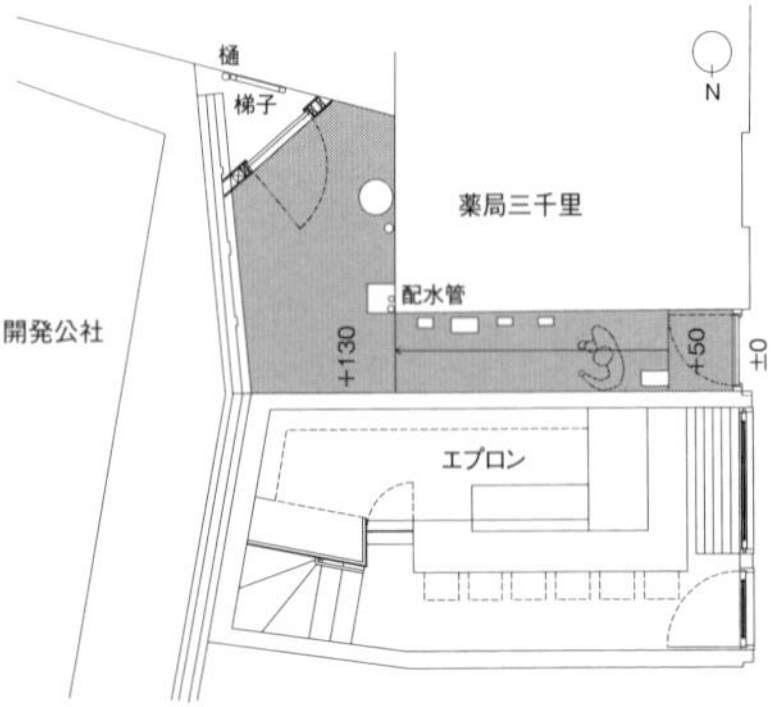

平面　S=1:150

敷地

「ハモニカギャラリー」2015年〜
東京工業大学塚本研究室

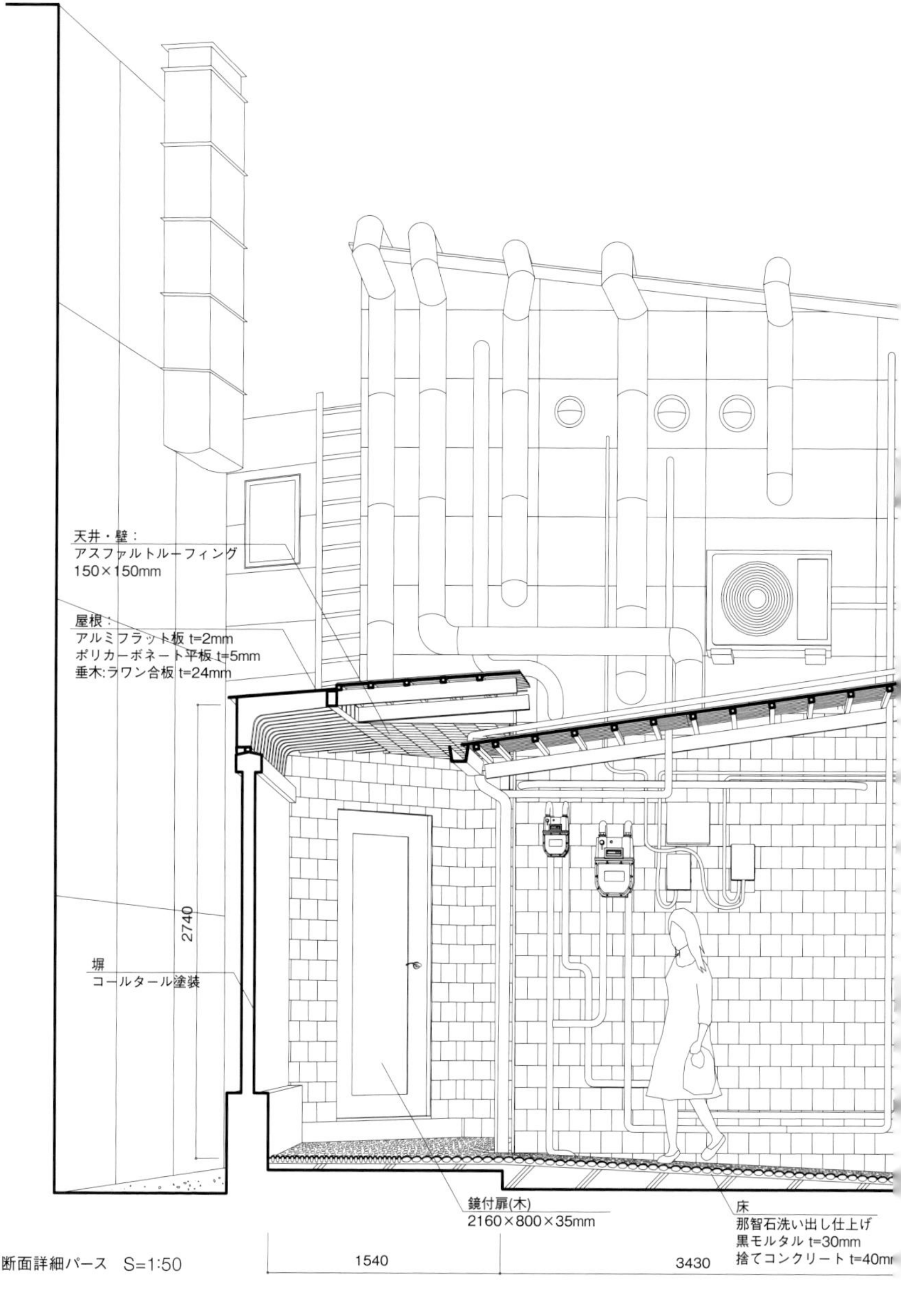

断面詳細パース S=1:50

三千
今日も元気に
アリナミンVドリンク
症状で選べます
ルルアタックシリーズ
ホヨ
ローズマリーで焼く
ローストチキン。
1羽1600円より
ハモニカ横丁
仲見世通り
三千里薬品
SK-II 正規取扱店
ローストチキン 1羽1600円～

ハモニカ横丁に問いかける

三浦展

三浦展《みうらあつし》

社会デザイン研究者

1958年、新潟県生まれ。1982年、一橋大学社会学部卒業後、パルコ勤務。1986年、マーケティング情報誌『アクロス』編集室編集長。1990年、三菱総合研究所勤務。1999年、カルチャースタディーズ研究所設立。おもな著書：『「家族」と「幸福」の戦後史』（講談社現代新書）、『下流社会』（光文社新書）、『ファスト風土化する日本』（洋泉社新書y）、『吉祥寺スタイル』（文藝春秋）、『新東京風景論』（NHKブックス）ほか多数。

和食
夜市

吉祥寺で働き始めてからまちに関心が出てきた

倉方　三浦さんは二五年以上吉祥寺に住んでいて、『ファスト風土化する日本』をはじめとした郊外論のほか、吉祥寺についての本も執筆しています。これまでどのように吉祥寺にかかわってきたのか、その遍歴を教えていただけますか？

三浦　僕が東京に住み始めたのは一九七七年、大学に入学したときなんですが、最初は小金井市に住んでいました。たしか、タウン誌『アングル』だったと思うけれど、当時の東京では高円寺、吉祥寺、国分寺の「三寺」のまちが面白いと紹介されていて、僕にとって吉祥寺はＬＰを買いに来るまちでしたね。南口にあった新星堂の輸入盤専門店にはよく通って、レコードを買い過ぎて二週間で仕送りを使い果たしたこともありました（笑）。でも、吉祥寺のまちを散策するようなことはほとんどなかったですね。その後、国立に引っ越してからは少し足が遠のいて、「西洋乞食」や「ファンキー」などにジャズを聴きに友人と時々来るぐらいでした。

一九八八年、吉祥寺に引っ越してきたんです。勤め先のある渋谷に通い

三浦展
『ファスト風土化する日本』
洋泉社新書ｙ、二〇〇四年

やすいという程度の理由なんですが、東急裏（「東急百貨店」西側）の住宅街に、「まめ蔵」みたいな個性的なお店がいくつかあったのが印象に残っています。あのころの吉祥寺が一番よかったと言う人もいますよね。バブル前の下北沢もそうでしたが、住宅地に店が点在する感じが好きでした。

倉方　私は高校生のころですね。たしかに、当時の吉祥寺はまだ穏やかで、もっと住んでいる人のまちだった印象があります。

三浦　でも僕はサラリーマンでしたから、普段は会社と家を往復するだけで、まちに出るのは休日にレコード屋に行く程度。でも、ハモニカ横丁に「峠」という居酒屋があって、蜂の子を出す店でしたが、たまに飲みに行っていました。プラモデル屋「歌川模型」や金魚屋も覚えています。

手塚　（店内を指さして）峠があったのは、ここ（モスクワ）ですよ。

三浦　あっ、そうですね。たしかにここです。当時はもっと暗かった。

手塚　夜、このあたりで開いているのは峠ぐらいしかなかったし、一階だけで営業していたからね。二階は猫の巣になっていましたよ。

三浦　吉祥寺というまちに深くかかわるようになったのは、子どもが生まれてからです。保育園に通ったり、子どもと一緒に買い物に出かけたりするようになり、地域に知り合いもできて、ここに住んでいるという感覚が生まれ

一九七八年にオープンした
カレーとコーヒーの店「まめ蔵」

てきた。

一九九九年に会社を辞めてからは、井の頭恩賜公園の向こう側に仕事場があり、その翌年に中道通りの裏に移転しました。吉祥寺は、昼夜問わずいろんな人がいるから居心地がいい。大の男が昼間にうろうろしていても全然怪しまれないんですよ（笑）。そういうところが、吉祥寺の良さなんだと気がつきましたね。やっぱり昼間いないとまちはわからないし、まちにかかわれないなとも思いました。でも、郊外の住宅地で僕が昼間うろうろしていると怪しまれますよ。そこで働いている男なんていないから。

倉方　郊外の住宅地では、一日のサイクルの中に、働く男は乗っていませんからね。

三浦　『「家族と郊外」の社会学』を書いたころから、昼間は女性と子どもしかいないニュータウンに対する問題意識はあったけれど、吉祥寺で働くようになってからかもしれないね、あるべき都市、まちを本格的に考え始めたのは。

職住が都心とニュータウンに分離すると、男は外で働き女は家事をするという役割の分担も促進される。でも、吉祥寺では住むだけでなく働くにも便利で、流行のものも買えて焼鳥も食べられて、井の頭公園で子どもと一緒に遊べる。東小金井あたりに住んでそこで働いていたら、そこまで考

三浦展
『「家族と郊外」の社会学』
PHP研究所、一九九五年

えなかったかもしれません。

倉方　暮らしの中で吉祥寺という基準点を持っていたからこそ、三浦さんは多摩ニュータウンのようなまちを計測できていた。書かれたものの対になる側が知れたようで、とても腑に落ちます。

三浦　二〇〇三年、まちなみ財団の視察調査で、ニューアーバニズムの手法で開発されているアメリカの郊外に行ったんですが、なんだ、ニューアーバニズムは日本にあるじゃないかと思ったんです（笑）。そこで、住宅や商業が混在し、多様な職業や年齢層の人がうろうろしているような吉祥寺や高円寺、下北沢などのまちの良さをきちんと理論化したいと考えました。

　でも、いざ吉祥寺に取り組もうとしても、自分だけではその魅力を分析しきれない。そこで、アメリカの視察調査のコーディネーターだった筑波大学の渡和由さんの力を借りてまとめたのが、『吉祥寺スタイル』です。本書では「歩安感」「スケベイ」「どこカフェ」など、吉祥寺の良さを生み出している五〇の要素を分析しました。

アメリカ・ニューアーバニズムのまち

三浦展＋渡和由研究室『吉祥寺スタイル』文藝春秋、二〇〇七年

ランチ時の「ミュンヘン」店頭

ハモニカ横丁のれん小路

暗いハモニカ横丁にカフェができた

倉方 手塚さんとかかわるようになったのは、いつごろからですか？

三浦 夕方五時に仕事が終わったら、「いせや」で焼鳥を食べるような生活が理想だと思っていたんですが、あるときこの暗いハモニカ横丁の中にハモニカキッチンを見つけたんです。一九九九年だったと思いますが、それは衝撃でした。

僕が会社を辞めたころはちょうどカフェブームで、高円寺や原宿、代官山、恵比寿などには、おうち風や未来的なデザインなど、いろんなカフェがありました。僕は毎日のようにカフェを見て歩いた。僕がカフェをマーケティングしたノートが吉祥寺の古本屋の「よみた屋」で、今や一七万円で売られていますが（笑）、いろいろなカフェの中でも僕は、青山の「ニド・カフェ」みたいにばらばらの椅子が並んでいるおうち風カフェが面白いと思っていた。それも、ごみ置き場で拾ったような古い椅子がたくさんある、ちょっと汚いカフェ（笑）。クリストファー・アレグザンダーが『パタン・ランゲージ』で、椅子はバラバラなほうがいいと書いていることを知るの

「いせや」公園通り店（改築前）

は、もう少し先のことです（笑）。

恵比寿の古くてボロいビルの九階にある「ヌフカフェ」もよかったですね。吉祥寺の廃墟みたいなビルにあった「フロア」も最高でした。地べたに座ったり、古着を着たり、フリマをしたり、中古のバイクに乗ったりすることを好む団塊ジュニア世代の行動様式を見かけるようになったのもこのころ。明らかにバブル世代とは違う価値観や生き方がある。それがとても面白くて、『フリマ調査』『古着調査』『Ｃａｆｅ調査』などのレポートを書いたり、若者たちの姿をたくさん写真に撮って、『TOKYO STREET FILE』という資料を編集して企業のマーケティング部門に売ったり、雑誌で連載記事を書いたりしていました（「都市観測者の手帖」『10＋1』二〇～三〇号）。『TOKYO STREET FILE』にはハモニカキッチンも出ています。

一九八〇年代、汚いまちを潰して、安藤忠雄風のモダンなビルやパルコ風（笑）のきれいなビルを建てるのが格好いいとされていた。もちろん、汚くて美味しいラーメン屋も僕は好きだったけれど、やっぱり新しいものに価値があった。ところが、九〇年代後半、ふとまちを見ると、古いビルや中古家具や古着が格好よくなっている。

『フリマ調査』『古着調査』『Ｃａｆｅ調査』
カルチャースタディーズ研究所

フリマをする若者たち（出典：『TOKYO STREET FILE』1999年）

でも、古いビルにカフェがあるならまだわかるんです。でも、この暗い、元ヤミ市のハモニカ横丁に真っ白いカフェができたんですから、それは衝撃ですよ。これは本当に、価値観が変わってきたと思いましたね。あれはエポックメイキングでした。

倉方　時代が転換していることを感じ取っていたなかでも、ハモニカキッチンはその象徴として見えたということですね。

三浦　いろいろなメーカーの商品企画やデザイナーを連れて来ましたよ。こんな古い横丁にもカフェができた、今はこういうのが面白いんだよと（笑）。

倉方　そのころ手塚さんとは、知り合いだったんですか？

手塚　以前から知っていました。電器屋のころからのお客さんなんですよ。

三浦　二〇〇〇年ごろ、NHKの朝のニュースで外国家電の店を紹介したことがあります。知人に紹介されて名刺交換をしたのが、二〇〇一年ぐらいだったと思います。ハモニカキッチンの二階で僕の企画した講演会の打ち上げがあったですよ。初めてじっくり話したのは、いつでしたっけ？

手塚　『プレジデント・オンライン』でインタビューされたときだと思います。僕がだらだらと話すことを三浦さんはどんどん膨らませて、この横丁で起こっていることを全部僕のせいにされた（笑）。うまいんだよね。

一九九九年ごろのハモニカキッチン。正面の鮮魚店が閉店後、手塚氏により「フードラボ」そして「てっちゃん」へと展開

倉方　横丁の仕掛け人である手塚さんの印象は覚えていますか？

三浦　手塚さんは、仕掛け人臭さがないんですよ。仕掛け人というと、バブル時代のコンセプトメーカーたちのように、ちょっと怪しい人を思い浮かべるけれど（笑）、手塚さんにはそういう、人をだまくらかすような雰囲気がない。

倉方　仕掛けているのか、何をしているのかよくわからない人が中心にいる。それも時代の転換をよく示していますね。

三浦　そうですね。仕掛け人の存在やその意思が、見透かされるようになってきたのかもしれません。二〇〇〇年代以降、何かを仕掛けて金を稼ぐより、もう少しナチュラルというか、小さくてもいいから、普段の感覚で自分が楽しめることに価値を感じる若い人が増えてきましたから。

一回性の経験を重視する

倉方　若い人の感覚が転換している一方、社会は猛烈にそうではない方向、もっと開発的というか、目的的になっていきますよね。均質に向かう地方の郊外化を批判して書かれた三浦さんの著書『ファスト風土化する日本』はまさに、そこを突いたものだと思うんです。

三浦 そもそもデベロップ（develop）の語源は、de（反意語）+voloper（包む）。要するに、包みを取る、殻をやぶって出てくるということなんですね。

倉方 それが近代的な文脈の中だと、enlighten（啓蒙する）が、en（〜にする）+lighten（光で照らされた状態に）というのと同系統の他動詞として扱われてしまうんですね。暗闇の包みから出してやる働きかけとして。

三浦 そうです。子どもが生まれて発達していくときのデベロップは自動詞です。もちろん読み書きなどの教育は受けるけれど、子どもは勝手に大きくなり遊び始めるじゃないですか。人間がひと皮むけるってのもデベロップじゃないか。植物もそう。種が土に落ちたら勝手に伸びていく。要するに内発的なんです。

　デベロップには、他動詞もある。つまり、内発的発展と外発的開発がありますが、僕は中学生のころから「内発」という言葉が好きだし、内発的にしか動けない人間です。もっと働けば給料が増えるぞと言われても、それは内発じゃないから全然動けない（笑）。土に種を蒔いて水をやったら勝手に草が生えるのに、それを無理やり引っ張ると切れてしまう。それが「助長」というもので、助長する人が多い会社に勤めていると精神を病む

上下とも、1982年の吉祥寺駅北口前。戦後に建てられたバラック的な小さな店が並ぶ。現在のバスロータリー付近

1982年のハモニカ横丁西端
（武蔵通り）

わけです（笑）。

僕は内発的発展が好きだから、きっと内発的にデベロップしたまちが好きなんです。吉祥寺には東京大学の高山英華研究室がつくった都市計画があったけれど、それは大枠だけで、自由な発展が許されていた。ハモニカ横丁の東側、吉祥寺駅北口前にも長らく横丁が残っていましたが、外発と内発がうまくミックスしていたんでしょうね。今にして思うと、ハモニカ横丁だけでなく、そっちの横丁も残っていたらよかったのにな、見てみたいなと思います。ヤミ市の時代から発展してきた商売人がたくさんいたから、内発的な活気があったと思うんです。

手塚　現在、北口バスロータリーのあるあたりですね。あの横丁が残っていたら、今も繁盛していたと思います。横丁にあった牛丼の松屋はなかなか立ち退かなかったから、相当もうかっていたんでしょうね。強制収用されたのは、一九八六年、今の土屋総務副大臣が武蔵野市長だったころです。

三浦　デベロッパーが計画する開発が内発的に発展するということは考えにくい。ハモニカ横丁のつくり方をデベロッパーが学ぶことはできても、ビジネスにできるのかというと、難しいでしょうね。

倉方　他動詞のdevelopはヤミが嫌いですから（笑）。

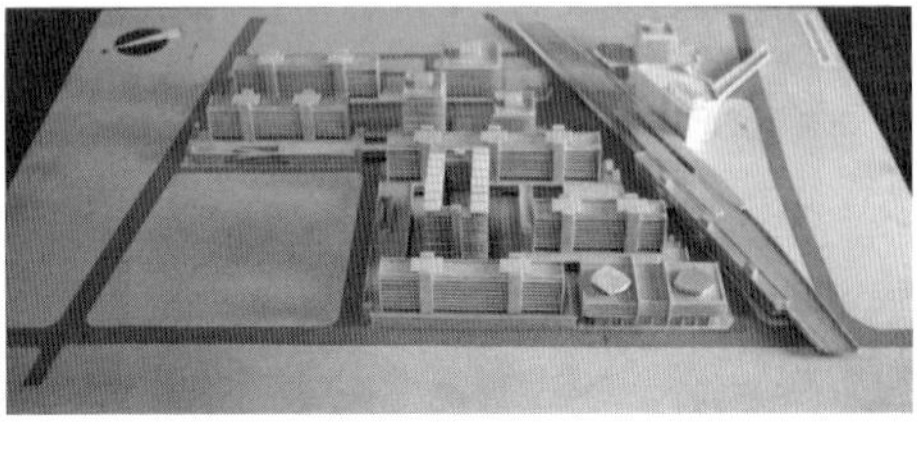

東京大学高山英華研究室「吉祥寺駅周辺都市計画案」一九六二年。模型

手塚 新しいものを生み出すことが「つくる」という本来の意味なのに、工業社会の「つくる」は、同じものを何度も生み出すことですからね。

倉方 一九世紀までは、技術は再現性がないもので、科学は再現性があるものだとされていた。つまり、技術と科学は別のものだったんですね。でも、近代社会になると科学と技術が合体して「科学技術」となった。再現性があるものだけが「技術」であり、いわゆる手工業や手工芸は、これもまた純化して析出された美術という概念の近くに置かれてしまいました。本来、再現性がなくても構わなかった技術に再現性が求められるようになった。それが二〇世紀なんですね。

でも、今はそれが変わってきているのかもしれません。内発的につくるという、一回限りの経験としての技術のあり方を、再び獲得しようとしている。若い人が横丁に引き寄せられる背景には、そういう変化があるような気がします。

三浦 二〇〇〇年ごろ、中道通りにある、女の子のやっている雑貨屋を取材したことがあるんですが、彼女はまさにそういう一回性を重視していました。小さくても自分の店を持とうと思ったのは、手づくりの商品を誰が買ってくれるのか、きちんと見たいからだと言うんです。フリマで自分でつくった物を売っている子たちもみんなそうで、買ってくれる人の顔が見たいと言うんです。売買の関係の中で起こる一回性の経験をすごく重んじる。それは八〇年代にはあまりなかった感覚です。

倉方 本来、つくることや買うことは、一回性であるからこそ娯楽であり得たんだけど、今はそれがあまりに喪失していることに、若い人は気がついている。だから、その一回性を取り戻すかのように、小さくても安くてもいいから自分でやりたいという人が出てくるんでしょうね。

三浦 イスタンブールの市場って、値切らないと売ってくれないんでしょ。一〇〇円と言われたけど五〇円に値切って、結局六八円で買ったという経験はきっと忘れないじゃないですか。そういう経験を大事だと思う人が団塊ジュニア世代以降に増えたと思います。

倉方 本来、ものをつくったり、ものが手渡されたりする場面には、娯楽や思い出という回路が付随していたはずなんです。でも、ものが流通していく過程をなるべくスムーズに、クレームなく進めるため、摩擦熱が起こらないように仕切られてしまった。そんな中で、それとは違って、自分、あなたらしさはどこか彼方にあるものではなく、ものの流通の中にも存在していたことに気がついたということですね。

面白い人はつまらないまちから出ていく

手塚　六〇年代、演劇の世界でも建築の世界でも、自分たちは変身できると思っていたんですよ。新しいことができると本気で思っていた。その象徴が三島由紀夫ですね。でも、それはアマチュアの考え方だったと思うんです。同じことを何度もできるのがプロですから。

倉方　今まで見たことがない、まったく新しいものを求める三島由紀夫的な価値観は、彼が死んだときに消失したはずなのに、そういうものに対する期待感はしばらく残っていたと思います。八〇年代、まちに新しいものを生み出すフィクサー的存在のプロデューサーや建築家がいましたが、彼らもそういう期待に応えようとしていたのではないでしょうか。でも、そこには限界があって、一瞬の夢のようなはかなさやむなしさが残った。

　最近の開発がどうして気持ち悪いかというと、内発の余地もないぐらい、きめこまやかにつくり込まれているからです。三浦さんの『新東京風景論――箱化する都市、衰退する街』の表現を借りれば、排水が下水道を通るかのように、人間は自分の脳みそを使わないで一日を送ることができる。内発

三浦展『新東京風景論――箱化する都市、衰退する街』NHK出版、二〇一四年

三浦展
『昭和「娯楽の殿堂」の時代』
柏書房、二〇一五年

性はあらかじめ刈り取られているかのようです。そして、今や政治や経済の力でヤミ市を取り壊し、碁盤の目の道路を引いてまちをつくり、大きなビルを建てるような外発的なものすらない。外発というある種の力が加わったときに初めて、その中に生きる人が内発的に生きる場をつくり、商売していこうという意思が生まれる。内発と外発は、本来拮抗しながら存在するものなんでしょうね。今は外発が見えづらくなっているから、内発も生まれない。

　三浦さんの『昭和「娯楽の殿堂」の時代』に描かれている船橋ヘルスセンターのような娯楽の殿堂は、歴史性や場所性なんて関係なく、何もないところにいきなりボーンと外発的につくられたものです。でも、だからこそ、その中で生きている踊り子さんは内発的に考えながら、それぞれが生きる場をつくっていたかもしれない。

三浦　今の再開発されたまちの中では、僕はなにもする気がしないんですね。元来、まちは細かく入り組んでいたはずなのに、今の再開発はまちを外発的な大きな力で大きな街区にまとめてしまう。もう少し網の目を細かくしてくれないとつまらない。通勤や通学のとき、駅まで歩くルートがいくつもあって、気分や天気によって歩くルートが選べる。つい寄り道したくなる場所がある。まちを歩きまわる楽しさをつくってほしいと思うんです。

本来内発に任せるべきところまで、外発的開発で全部埋めてしまっている。鉄道会社が開発したところに入るパン屋は鉄道グループのパン屋が入るとか、システム化されている。どこのビルの飲食街にも、たいてい同じとんかつ屋やカフェやそば屋のチェーン店が入ってしまうじゃないですか。

そういうように東京が面白くなくなっている。面白い人がいる場所が減っている。ヤマダ電機とユニクロとドン・キホーテのビルができて、吉祥寺もつまらなくなりましたよね。だから、『吉祥寺だけが住みたい街ですか？』というマンガが出たり、「住みたいまちナンバー２」に陥落したりすると、それ見たことかと思うわけです（笑）。

たしかに、僕もユニクロで買い物をすることもありますが、駅ビルにあれば十分。ユニクロ単独のビルは、まちのランドマークになるような存在ではないですからね。吉祥寺も御徒町も同じ形のビルだし。

まちがつまらなくなると、内発的な人はそこからはみ出して、別のところで何かを始めていく。吉祥寺にいたタイプの人たちが向島や京島に移動して、アーティスト・イン・レジデンスが行われる。さらに、東京を見限って地方に行っちゃうんですよ、山崎亮くんにだまされて（笑）。徳島県神

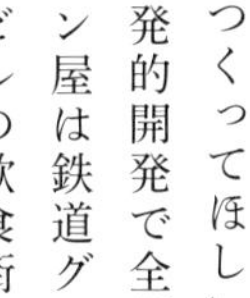

マキヒロチ『吉祥寺だけが住みたい街ですか？』講談社、二〇一五年

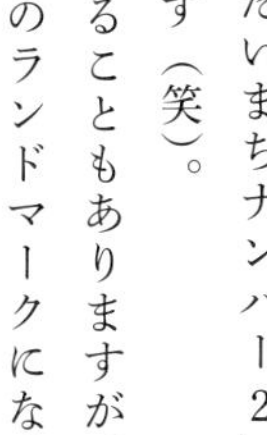
箱化する吉祥寺駅周辺

山町に行ったりする。大手の組織設計事務所を辞めて移住する人もいるというから驚きますよ。外発的開発に限界を感じて、内発的な仕事のために田舎に行くんでしょうね。
　最近、三鷹のほうに無人古本屋ができたそうです。某大手企業の社員がこっそりやっているらしいんですが、変なことをやっていますよね。吉祥寺が箱になってしまったから、変な人は三鷹にはみ出していくんです（笑）。東京にも、まだそういう変な人がいるということですよ。手塚さんの店にいた人も、西荻窪で店を開いていますね。

手塚　ネズミが逃げるように、みんな逃げていく（笑）。

三浦　もちろん、ハモニカ横丁が箱というわけではないので（笑）、お金があれば吉祥寺に出店すると思うんです。お金が足りないから、西荻窪や高円寺にお店を出す。
　ただし、その動きは「大吉祥寺圏」を生み出すとも言える。吉祥寺の駅前が箱ばかりになっても、吉祥寺の遺伝子が三鷹や西荻窪や井の頭や久我山、さらに上石神井あたりにまで広がって、自転車でぐるっと回ることができれば、まだまだ面白い。実際、井の頭公園駅前に変なカフェがあるんです。

現在の吉祥寺駅北口前ロータリー

「モスクワ」屋上からの風景

倉方 何ですか、それは。

三浦 公園に面した古いマンションの一階にあって、マンションの古さをうまく生かしたカフェなんですが、すんごく落ち着くから、みんな長居しているんですよ。あまりもうからないだろうけれど、ああいう場所があるのを見ると、吉祥寺もまだまだ捨てたもんじゃないなと思います。それと、住みたいまちナンバー２に転落した吉祥寺を見ると、僕はまた逆に吉祥寺に仕事場を移転したくなってきた。ハモニカ横丁の屋根裏とかに仕事場があったら面白そう。屋根裏にはエアビーアンドビー（Airbnb）で泊まれる場所も欲しいね。

東京は三度生まれ変わった

倉方 僕自身、ここ数年、大阪に住んで感じるのは、東京は「都市的」かどうか疑わしいということです。むしろ関西のほうが、世界標準の都市であるように思います。大阪は市街地と住宅地がはっきり区分されていますが、東京は農村がそのまま広がり、まちになったようなところがありますね。

ですから、八〇年代後半、吉祥寺の東急裏で起こっていたような、田園的な住宅地の中で何か新しいことをやろうという人がいる状態こそが、まさに東京的な状態だとも言いたいわけです。渋谷も少し以前はそうだったわけで。東京が特殊なんでしょうね。都市の骨格のなさが、首都東京の一つの象徴だと思います。

三浦　川添登さんは、『東京の原風景』のなかで、江戸は世界最大の田園都市だったと論じています。あれが最も秀逸な東京論だと言う人もいますが、東京をよく知らないと理解できない本かもしれません。

倉方　そうですね。川添さんもほかの世界を知ったうえで、書いていると思います。東京だけを見ていたら、ああいう見方はできない。決してピカピカの都ではない、東京の中心を喝破していますよね。

三浦　先日、板橋区にある加賀藩前田家の下屋敷の跡地を見に行ったんです。二二万坪（兼六園の約七倍）と広大な敷地なんで、参勤交替で三〇〇〇人が泊まれる規模なのに、建物があるのはごく一部。昔は石神井川から引いてきた川で巨大な池をつくって船遊びをしたらしい。今も築山があり、そこに登ると遠くまで見渡せます。つまり、都市の中に田園をつくっていたんですね。

川添登『東京の原風景』
NHK出版、一九七九年／
ちくま学芸文庫、一九九三年

1957年のハモニカ横丁西端（武蔵通り）

新宿の戸山にも、尾張藩の一三万坪の下屋敷があったのですが、お殿様が退屈しないように屋敷の中に下町をつくり、家臣は八百屋やお茶屋に扮装して、「いらっしゃいませ」とやっていた（笑）と、竹内誠さんが書いています（『江戸大名下屋敷を考える』参照）。これは田園の中につくられたテーマパークだった。こういう田園と都市の融合が、東京というまちの基本形だったのかもしれません。

倉方　何もないところに江戸城がつくられ、参勤交代が行われるようになり、各大名の屋敷がつくられる。江戸というまちは、こうしてその都度の都市計画でなんとなく形づくられてきたと言えなくもない。しかし、明治になると屋敷は政府に接収され、軍の施設や学校に利用される。土地が放棄されたところから始まっているのが近代なんですね。そして昭和になると、戦争によって東京は焼け野原になり、何もなくなったところにポツポツと建物が建っていく。

つまり、コントラストを強めて表現すれば、東京は江戸、明治、戦後の三度、何もない状態からつくり変えられてきたわけです。吉祥寺も田園だったし、ハモニカ横丁も戦後の焼け野原から生まれたヤミ市が下敷きになっている。三浦さんの『新東京風景論』を読むと、江戸の田園と戦後の郊外

児玉幸多監修、竹内誠ほか著『江戸大名下屋敷を考える』雄山閣、二〇〇四年

化がふいに重なってくるんです。

書くことも行動である

倉方　日本がもう少しよりよい状態になっていくために、三浦さん自身、どういうことをやろうとしていますか？

三浦　僕ができるのは本を書いたり講演することぐらいだから、嶋田洋平くんたちのようなアクティビストに対してコンプレックスがあるんです（笑）。本当に彼らはすごい。だから、逆に僕は、年に五冊の本をつくり五〇回講演することが自らの行動だと思うことにした。

倉方　たしかに最近は、書くことが行動であると思っている人は少ないかもしれませんね。昔の文筆家はそうだったと思うんだけど、今はそういう世界を知らない人が多いから、ベタな行動優先主義になっている。建築家も行動ありきで、もはや言葉は、行動のための広報のような位置づけなのかもしれません。でも三浦さんは、執筆や講演によって、社会を変えていこうとしている。

ファスト風土的風景（秋田県）

三浦　『ファスト風土化する日本』の刊行後、まちづくり三法が改正されたでしょう。あれは、日本百貨店協会があの本を日本中の百貨店の社長に配り、こうやってショッピングモールを放置すると大変なことになるぞと政治家にブリーフィングをしてできたらしいんです。そのとき、僕はちょっと快感を覚えたわけ。僕の本がショッピングモールをただ野放図につくるのを少しは制限する法律につながった。思想は行動になり得ると。

『下流社会』も同様で、東京大学の授業料を無料にすればいいと書いたら、本当に東大で世帯総所得金額が低い学生の授業料免除が決まった。その後、京都大学や東京工業大学でも同様の取り組みが実施されました。偶然かもしれないけれど、多少なりとも影響を与えたという快感がありますね。思想は行動であり、ペンは剣よりも強いと少しは実感できたんです。

杉並区内を探訪する冊子『ふかすぎ』を編集したり、都内の地誌を探り雑誌で連載したりしているのは、地域資源を再発見したいという思いからです（「郷土博物館から始まる街歩き」『東京人』二〇一五年八月号〜）。「何もないですよ」と言われるような田舎でも、山崎亮くんが行くと「これは面白い」と発見してくるじゃないですか（笑）。それは杉並区も同じなんですよ。スカイツリーがあるわけでもないし、田園調布のよう

三浦展『下流社会』光文社新書、二〇〇五年

『ふかすぎ』カルチャースタディーズ研究所、二〇一五年

な住宅街があるわけでもない。大した資源はないけれど、探すといろいろ面白いことがあるわけです。そういうことをやり続けることがとても大事だと思う。

そういう意味では、吉祥寺は歴史的資源はほとんどゼロですからね。甲武鉄道（現・JR中央線）の駅ができたのは一〇〇年以上前ですが、面白くなったのは七〇年代です。いろいろな小さな動きがたくさん集まって面白くなったんです。

倉方　そうですね。坂本龍馬みたいに歴史上飛びぬけて面白い人や、変わった形をした建物だけが地域資源じゃない。一見するとどこにもありそうなものなんだけど、これまでと違う説明を加えてみると、圧倒的ではないかもしれないけれど、ちょっと新しくて面白いものを見出せる。それを見に行くのはまさに一回性の経験だし、行った時期によってもその経験は微妙に違う。実際に訪れるからこそ、地域の資源だと実感できる。

三浦　東京の暗渠をめぐるツアーなんて人が来るのかと思われそうだけど、数十人程度ならすぐに集まります。暗渠もまちの資源なんです。そういうものを探し出してはみんなで喜ぶという姿勢は、今後の地域創成にとってもじつはすごく大事だし、僕の好きな都市的状況です。

地域資源を発掘する

倉方　三浦さんのように、東京全区を調査することは大切ですね。

三浦　全国の地誌をまとめた『日本地誌』（全二一巻、二宮書店、一九六七～一九八〇年）の東京の巻を昔から愛読しているんですが、僕はその現代版をつくりたいと思っているんです。これは非常に内発的な作業です。取材や調査に時間がかかるから、ほんとは原稿料が一〇倍必要なんだけれど、内発なので仕方がない。

倉方　内発は楽しいけれど貧乏になる（笑）。

三浦　そう。でも、そういう仕事も必要でしょう。
　資源探しという意味で、ＮＨＫ連続テレビ小説『あさが来た』は面白いですね。あのドラマが始まるまで、大同生命創業に参画し、日本女子大を創設した広岡浅子なんて、ほとんどの人は知らなかったと思うんです。

倉方　たしかに、ドラマのモデルにするにはかなり渋い存在ですよね。実業家の妻と頼りない夫というのも現代的な設定です。大学の創設者はみんなすごい人だったはずだし、その創設者が亡くなった後も、その薫陶を直接受け

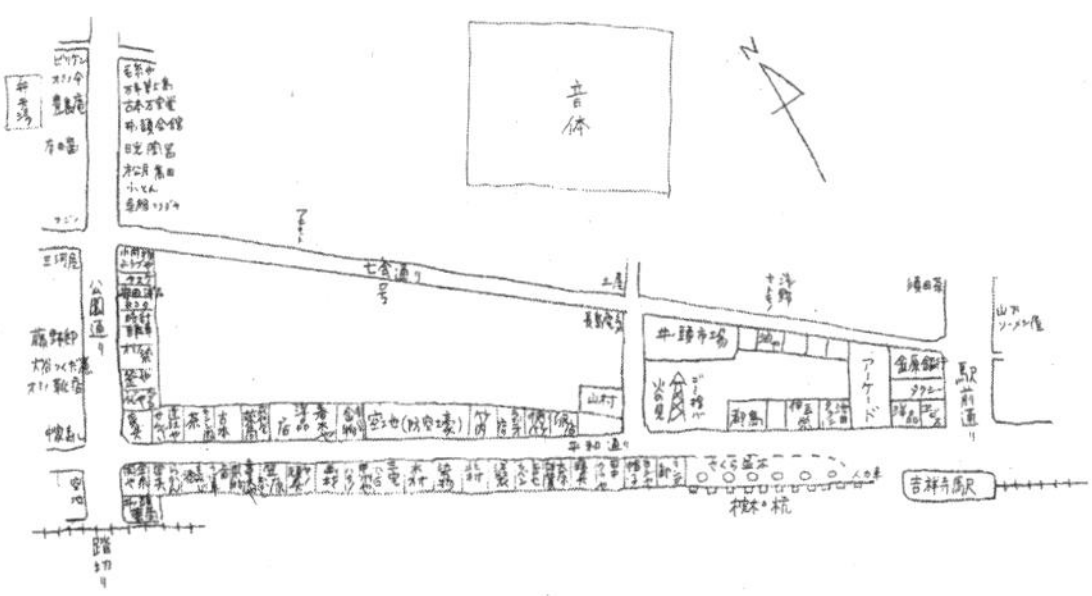

一九四〇～四一年ごろの吉祥寺駅周辺
（作図：鈴木育男／らかんスタジオ）

1966年当時の平和通り

現在の平和通り

た人がいるころまでは、大学もそれぞれ個性があったはず。でも、時間が経つと、創設時の熱気を知らない教員ばかりになり、かつてそこにあった個性が失われ、大学の評価は偏差値で輪切りにされるものになってしまう。
　地域も同じなんでしょうね。それぞれ発祥のころはすごく面白いんだけれど、いつの間にか、その価値は地価で測るようなものになってしまう。つまらないですね。もう一度その成り立ちを掘り起こしていくと、ワンアンドオンリーの人物が発見できる。

三浦　そうです。たとえば、杉並区には内田秀五郎という人がいた。善福寺公園には銅像が立っている。杉並区の中でも、西半分は道がきれいで、どうしてなのかと気になって調べてみたら、上井草村の豪農の長男として生まれた内田が、村長就任後、大胆に土地区画整理事業を実行したんですね。
　自由が丘のあたりはどうかと調べてみると、旧家出身の玉川村村長の豊田正治が耕地整理事業を行ったんだけど、あまりに先進的な計画を公表して「村長は頭がおかしいんではないか」と言われたらしい（笑）（『東京都市計画物語』参照）。少し調べるだけでも、各地にそういう面白い人がいたことを発見できる。

倉方　僕が建築家の研究をしているのも、まさにそういうことです。今回、ハモ

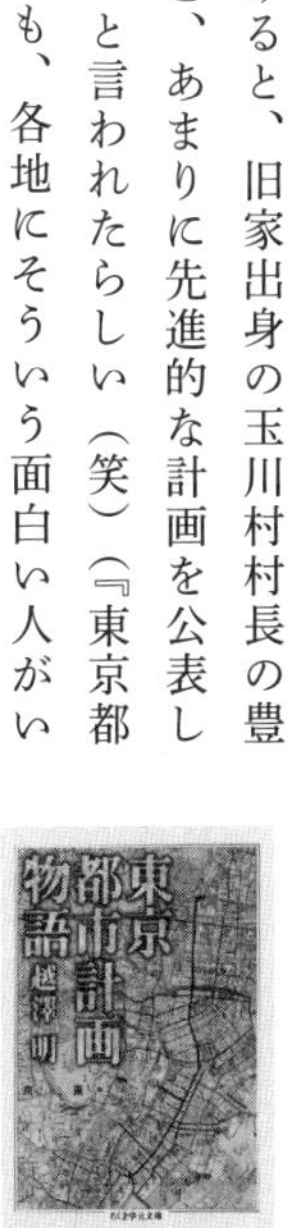

越澤明『東京都市計画物語』日本経済評論社、一九九一年／ちくま学芸文庫、二〇〇一年

ニカ横丁に取り組んでいるのも、こういう状態が生み出されているのは、誰が何をやっているからなのかを知りたかったから。しかも、純化して析出された美術作品における作家概念とは異なった、つくり手に対する語り口を、建築・都市の分野は社会に与えられると考えています。

ひとりでつくったものではないけれど、かといって放っておいてできたものでもない。つまり、ヴァナキュラーにできたもの、ひとりの偉人がつくったもの、そのどちらでもないものを描く。それは、作品として評価したり、逆に匿名的なものに位置づけたりすることに抗《あらが》うことでもあり、現代のまちに広がる平準化に抗う残り少ない方法なのかなと。たいした効果はなさそうに見えるかもしれないけれど、徐々に効果が表れてくる。それも行動だと思ってやるしかないですね。

都市だからこそ成立する透明感

三浦　ハモニカ横丁は常に変化し、修正されているんですすよ。てっちゃんができたころ、焼鳥は焦げていてまずかったから、しばらく行かなかったんです

（笑）。でも、あるとき美味くなった。そういう経験が何度もあるんです。

手塚さんは常に店を見ていて、味はもちろん、提灯の位置とか器とか、細かいところを考えて修正しているから、いつも同じではない。だから、久しぶりに来たけれどこの前より楽しいという感覚が味わえるんでしょうね。

倉方 来るたびに違う経験があるというのは、いつ行っても同じものを提供するパッケージ化されたお店に対するアンチテーゼかもしれませんね。

ハモニカ横丁で料理をつくり、それを売ったり食べたりするときには一回性の経験がある。そういう経験がぐるぐると回っていくなかで、微妙に修正され、常に新しい経験、それも明確な新しさというより、細やかに新しい経験がだんだんと生まれていく。

手塚 店がやみくもに変わっていくのは、僕の焦りの表れなんですよ。変えていかないと売れないから（笑）。それを内発と言うのかどうかわからないけれど、そういうところがうまく生かせるやり方を、三浦さんや倉方さんが表現してくれるといいなと思っています。

ここに座って酒を飲んだりするとすごく気持ちがいいと塚本由晴さんに言われたり、この場所は残さなければだめだと隈研吾さんに言われて、みんなこの横丁をいいと思っているんだと、はっきり感じられました。その

「片口」2011年
重田克憲／STACK Inc.

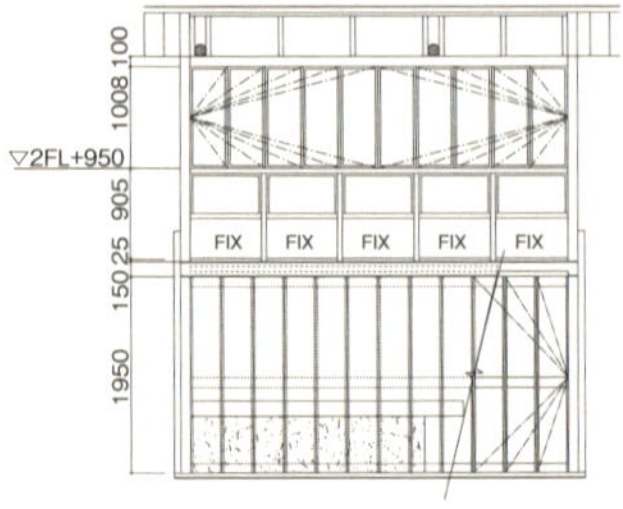

立面　S=1:150

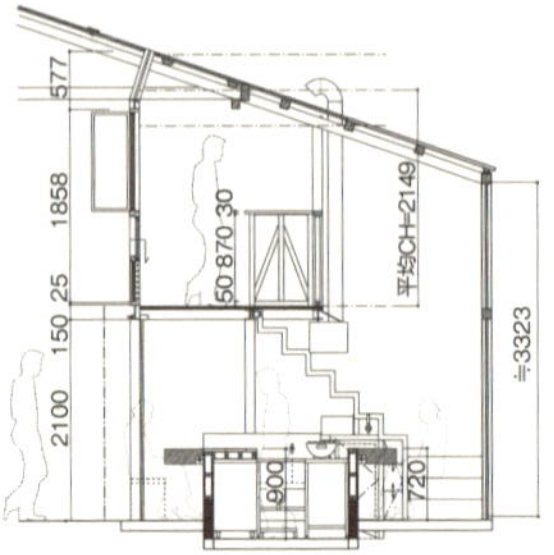

断面　S=1:150

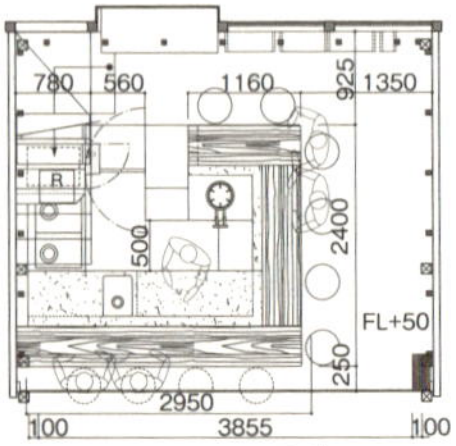

1階平面　S=1:150

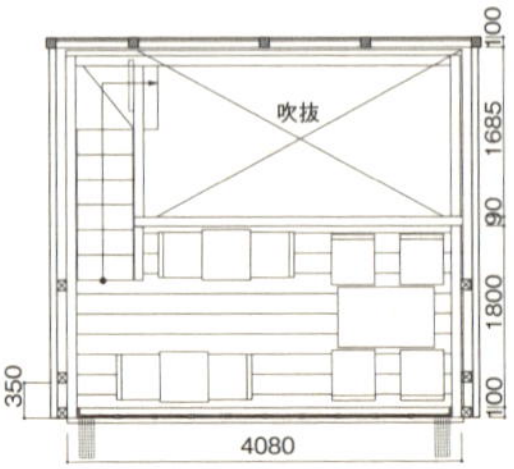

2階平面

良さは、「昭和レトロ」という言葉で片付けられたくない。うまく言葉にしていきたいですね。

三浦 従来の居酒屋というのは、アフターファイブのサラリーマンが愚痴を言うような場所じゃないですか。でも、ここにはそういうのがあまり感じられない。

　立ち飲み屋が多く、ガラス面も多いから透けていて、向こうが見えるというのが、いわゆる横丁との大きな違いでしょう。だから、落ち着いて酒を飲みたいおじさんは、来なくなっているはずなんですよ。サラリーマンがクダを巻くにはスカスカすぎる。全部外に漏れてしまいそう（笑）。

倉方 確かに、いろいろな動線や視線が通りますからね。

三浦 普通の人にここに一〇店舗つくりなさいと言ってどうなるか想像すると、やっぱりこうはならないでしょう。たとえば、ラーメン屋が成功したら、もう一軒ラーメン屋をつくるだろうし、店も閉じてつくるはず。こんなにスカスカな空間には、まずなりませんよ。

手塚 最近、思い出横丁やゴールデン街でも、店のドアを開け始めているんです。

三浦 ああ、そうらしいですね。ハモニカ横丁化しているんですね。

手塚 人が入ってこなくなっちゃったからね（笑）。

焼鳥「てっちゃん」
立ち飲みコーナー

倉方　地方都市では、こういうスカスカ感は成立しないでしょうね。誰が誰と一緒にいたかわかってしまいますから。建築家の乾久美子さんが地方のまちづくりにかかわったとき、どのお店も閉じているのはなぜだろうと思ったと言っていました。景色のいいところなのだから、レストランも開放的にすればいいのに、どこも閉じている。

小さな地方都市では、どこに誰がいたというのがすぐにわかってしまうから透明な店は難しいのでしょうね。透明なところで飲めるというのは、非常に都市的な現象だと思います。

手塚　ここで僕と一緒に飲んでいることが知られるとまずい人もいますけれどね。僕は嫌われているから（笑）。

倉方　ハモニカ横丁にかかわっている人にとって、ここは村だから（笑）。でも、外から横丁に来る人には、都市なんですね。

不動産との戦い

手塚　西荻窪には、焼鳥屋の「戎《えびす》」がずらっと並んだ路地があります。同じ店をワーッとつくっていく、あのアナーキーな展開の仕方は尊敬しますね。

三浦 あの手法は効率がいいのかな。

手塚 効率はいいかもしれないけれど、僕は飽きっぽい性格だから、つい違うことをやらなきゃと考えてしまう。次は坂口恭平さんみたいな人にお願いしてみたいとか（笑）。

倉方 つくらない建築家につくってもらうという斬新なアイデアですね（笑）。
　手塚さんは、複数の主体が積み重なってできている場所が心地よいと直感しているんでしょうね。だからハモニカ横丁でも、さまざまな設計者がかかわっている状態を導いているのだろうと思います。

手塚 隈研吾さん的に「負ける横丁」という言い方もあるかもしれないけれど（笑）、僕の気分としては常に挑戦なんですよ。何に挑戦しているかというと、家賃です。家賃と不動産に復讐したいと思っている。

三浦 復讐というのは、もうけてやりたいということ？

手塚 働けば働くほど自分の首を絞めるように、家賃が高くなるんですよ。それがしゃくに障るんです（笑）。

三浦 客がたくさん来ると価値が上がるから、家賃も高くなる（笑）。

手塚 お金を使って営業して、うまくいったと思うと、家賃が上乗せされる。東

焼鳥屋「戎」が並ぶ
西荻窪駅前の路地

京中でそういう競争が行われ、いい場所を取り合っているんです。負けるわけにはいかない。

三浦 大家さんにしてみれば、そこで一〇〇万円売り上げようが一〇〇〇万円売り上げようが、少しでも高い家賃を払ってくれればいいという発想だろうけど、地価が上がれば固定資産税も高くなるわけだから、大家さんだって地価が上がるのを必ずしも望んでいるわけではないと思う。地価上昇を望んでいるのはやっぱり銀行ですよ。

手塚 そうですね。ハモニカ横丁ミタカをやっているとき、まちづくりにおいて不動産が非常に重要な役割を果たしていて、その背後に銀行がいるということを実感しました。

倉方 銀行が元締めにいると、どうしても平準化した開発に行き着かざるを得ないんですかね。

三浦 リスクをとりたくない人が牛耳っちゃうからね。

倉方 銀行と関係のない地主がいれば、そこで内発的なことが起こる可能性がある。

三浦 アメリカのニューアーバニズムの住宅地も、だいたいちょっと変わった地主がつくっているんです。ハモニカ横丁も、地主が月窓寺さんだというのがいい面に働いていると思う。普通の地主だったら、とっくにビルになっていますよ。

倉方 月窓寺さんだからこそできた。たしかにそうですね。土地という本来は共通財でないものを共通財化したことが現在の平準化を生み出し、内発を阻害している。その元の関係を切ったところであれば、内発的なことが起こり得る可能性がありますね。

常連はなぜ常連になるのか

三浦 ハモニカ横丁にいると、手塚さんのお店をハシゴしてしまう人が多いですね。

倉方 確かに、ハシゴしたくなる。別の店に行くんだけど、結局手塚さんの店にいる（笑）。

三浦 何となく大きな一店舗にも見えますしね。お店のトーンは揃っているけど、少しずつ違う。手塚さんは、店というよりまちをつくったといえるのかもしれませんね。

手塚 自分ひとりでは、同じことしかできないんです。だから形見一郎さんと一緒にハモニカキッチンを始めたんだけど、店が増えるにつれ、形見さんの色が強くなってきた。建築家に頼むようになったのは、自分たちがやってきたことを少し変えていかなくちゃいけないという危機感があったから。

三浦 人間には好きなものがあるから、つくるものも、どうしても似てしまいますよね。僕だってまったく違う本はつくれない。

手塚 好みの形や色は、だいたい決まっていますからね。服もそうですが、なぜ人間は同じものを買ってしまうんだろう。

三浦 一〇年前に行ったまちを再び訪れても、結局同じ路地に入っちゃいますから。ここに来たという記憶はないのに、いいなと思って入っていくと見覚えのある風景が現れて、「あ、ここに来たことがある！」と気がつく（笑）。人間、好きな場所は決まっているんです。

手塚 居心地がいいと、無意識に感じるんですよ。常連はなぜ常連になるのか、最近よく考えるんです。まず、店に面白い人がいること、次に立地と雰囲気。料理ってじつは後ろのほうなんですよ。なぜかそこに入ってしまい、二〜三回通うとその場所が体にしみついて、またそこに来てしまう（笑）。このマジックのようなものをつくると、黙っていてもスーッとお客さんはやって来る。その重要な要素は人だと思います。

女子大通りの近くにあるカウンター一〇席くらいの小さなバーを知っていますか？　もともとカフェだったところが日本酒の飲める店になったとネット上で話題になっていたから行ってみたら、夕方六時ぐらいにもう満席なんです。店主がすごくきれいな若い女性なんですよ。それに尽きる（笑）。

三浦　なんだ、そうきたか（笑）。

手塚　うちの店で働いている男がそこにいたら、誰も来ないでしょうね（笑）。

三浦　店主が美人でなくても、なんとなく吸い寄せられることがあるじゃないですか。

倉方　人じゃなくて、店にね。

三浦　そう。ハモニカ横丁では、同じ店員さんがこっちのビアホールにいたり、あっちのおでん屋にいたりするのも面白いと思っているんです。

手塚　人が足りないからですよ（笑）。

　これまで六五人の外国人を雇っているんですが、漢字が読めるような顔をして、こっちの言っていることをほとんど理解していない奴もいるから、語学研修の仕組みもつくっています。彼らはみんなハングリーでよく働くけれど、いったい何を考えて日本にやってきたのか、本当はどんな人間な

「ハモニカキッチン」店頭にて

のかがわからない。優秀だと思っていたら、急に辞めてしまう人もいるし。
最近は七〇歳を超えたおばあちゃんを雇って、もんぺと割烹着を着せてそこに置いたらどうなるんだろうとか、つまらないことばかり考えています（笑）。

三浦 手塚さんはここで演劇をやっているんですよ。今の話は、まるで俳優の配置と衣裳を考えているかのようだし、この空間の仮設っぽさは、大道具であり舞台でもあるようにも見える。

手塚 先日、倉方さんに話をしたけれど、唐十郎の役者の使い方には学ぶところがあると思っているんです（四〇頁）。ある場所に多様なものを配置することで、たまたま生み出されることがある。僕にとって、花園神社で観た演劇を越えるものはないんです。そういうことがやりたい。でも、最近変な奴がいないんです（笑）。

ハモニカ横丁を郊外に

三浦 そもそも『吉祥寺ハモニカ横丁のつくり方』というこの本は、どういう人が読むんでしょうね。自分が住むまちの駅前に横丁みたいな場所がある人、シャッター商店街をなんとかしたいと思っている人、それとも今までにはない飲食店を考えている業者？

手塚 「つくり方」とは言っているけれど、じつはつくれると思っていない（笑）。つくり方が書かれていると思って手に取った人は、裏切られたと思うかもしれませんよ（笑）。でも、つくっていないように見せてつくる『花伝書』のようなやり方はあるかもしれない。

三浦 つくっているんだから、つくれると思う。

倉方 そう。つくっているんです。決して、この状況は「できちゃった」ものではない。ひとりではつくっていないし、つくっているときの思想もひとつではない。自分でつくっているという意識をもたずに、つくっている。

三浦 やっぱり内発なんですよ（笑）。

僕はむしろハモニカ横丁みたいなものを商店街ではなくて住宅地につくれないのかなと思うんです。商店街だと、いろいろなしがらみもあって、そう簡単にはいかないだろうけれど、たとえば京王線の奥のほうで乱開発されたような住宅地に、いま都市ではないところにこういうものをつくったら面白い。そういう応用があり得るのではないでしょうか。

倉方　確かに（笑）。

三浦　手塚さんのお店が従来の居酒屋と違うのは、圧倒的に女性客が多いことですね。だから、こういう世界を郊外に応用していくという手があると思う。

倉方　それはすごく面白いですね。たしかに従来の飲み屋街や横丁というカテゴリーではないところで応用するというのは、まっとうな意見だと思います。それは、手塚さんが「ハモニカ横丁ミタカ」をつくった意思とも通底するところがありますね。

三浦　郊外の駅前にあるパチンコ屋が空になっていたら、ハモニカ横丁ミタカみたいなものをつくっていく。そこで、子育てがひと段落したお母さんたちが集まって、一緒に何かをやっていくのが面白いかもしれない。

倉方　地域のコミュニティの中でつくっていくということですね。時間と場所のシェアという視点で見れば、飲み屋じゃなくてもできる。

三浦　そう。マッサージ屋さんでもいいし、雑貨屋や子連れカフェでもいい。ママたちが必要だと思いつくものをどんどんつくっていく。団地の商店街や集会室でやるのもいいですね。それも行政やURのような頭の堅い人ではなく、地元のママたちが集まって自由にやる。実際、やりたい人もいると思います。女性って、面白いと思ったら実現させてしまう力があるじゃな

「ハモニカ横丁ミタカ」

ハモニカ横丁朝日通り

いですか。あまり頭で考えるとできないこともあると思うんですよ。

倉方　そうですね。体感的なものですね。計画しようとしたらこれはできない。

三浦　横丁といっても、飲み屋街にならなくてもいいんです。もしかすると、それは嶋田さんたちの北九州家守舎が手がけた中屋ビルのリノベーションプロジェクトみたいなものかもしれません。

倉方　確かに、あれはハモニカ横丁っぽいですね。

三浦　派遣社員女性の副業の店として、一日の半分だけ使ってもいいですよと声をかけたら、実現します。

「ハモニカ的」とは何か？

三浦　無印良品では、無印とは何なのかを常に禅問答のように問いかけていると聞いたことがあります。無印の商品には無印らしいトーンがあるから、僕らも「これは無印じゃない」「これは無印っぽい」とわかるじゃないですか。でも、その基準はうまく言葉にできない。

無印の商品といえば、白くてシンプルなものをイメージすると思いますが、白くすれば何でも無印良品になるかというと、そうではない。「無印とは何か？」を問い、無印らしくつくるにはどうしたらいいのか考え続けるからこそ、次々と無印の商品が生み出され続けるのかもしれません。わからないことはつくれないはずだけど、わからないことを問い続けながらつくっていく。

倉方　つくり方の大枠があり、そのなかで細分化して商品化する一般的な手法とは明らかに違いますね。うまく言葉にできないことについて考え続けていくのは大事なことだと思います。問い続けていくからこそ、内発的につくれるのかもしれません。

　ここで行われる禅問答では、「〇〇ではない」をテーマにしてもいいのかもしれませんね。その中から次につくるものがなんとなく浮かんでくる瞬間があり、一だったものが一・一にヴァージョンアップして、少しずつ内発的に広がっていく。

三浦　たしかに、手塚さんによるハモニカ横丁はいったい何なのか、なかなか言語化しにくいけれど、「それは手塚さんっぽくない」という感覚は共有できるように思います。

倉方　アレグザンダーのパタン・ランゲージは、共通言語を大量に並べることに

古いビル（中屋ビル）をリノベーションし、クリエーターや商店主の拠点とした北九州市小倉の「メルカート三番街」

よって、マニュアルではないつくり方を示していたけれど、良いまちには何があると明示するわけでも、そのつくり方が書いているわけでもない。そもそも、つくり方が書いてあったらおかしいんですね。ハモニカ横丁では、パタン・ランゲージとは違う、新しいフォーマットを目指したいですね。言葉でつくり方を書かないつくり方のような。

「無印とは何か?」のように、明確な一つの主語を持ち出してここでやるべきことは何かを問う。これも論理の一種だと思うのですが、意外に行われません。通常は「もうかるとはどういうこと?」「居酒屋とは何か?」などと、普遍に向かって主語をスライドさせがちです。

ファウンド・ハモニカ

三浦　無印良品では「Found MUJI」という企画を続けています。もしかすると、僕らも「ファウンド・ハモニカ(Found HARMONICA)」みたいなことをやってみる可能性はあるかもしれませんね。谷中には、古い民家をパン屋やビアホール、イベントスペースなどに改築した三軒がなんとなくゆるくつな

1938年築の民家3軒が、店舗やイベントスペースとして再生した「上野桜木あたり」

がった一角があるんだけど、あれもハモニカっぽいかも（上野桜木あたり）。

手塚　あそこはいいですよね。

倉方　ハモニカを主語にして考えるということですね。「ファウンド・ハモニカ」と言っているうちに、ハモニカ的なものは何か、つかめるかもしれない。

手塚　入沢康夫の詩みたいですね。こういう要素がここにあると記述していく。

三浦　ハモニカ的ごっこをしてみる。立石みたいなディープな飲み屋街だと、それは難しいと思うんです。

倉方　ハモニカ横丁を、従来の横丁や飲み屋街という範疇に置こうとすると、どうも納まりが悪い。これまでのインタビューでも、そういう話はたびたび出てきました。その枠を取り払って、「ハモニカ的」としていくことで、今までの課題がふっと開いていくような気がします。

三浦　京都で馬場正尊くんや岸本千佳さんたちがやっている堀川団地のリノベーションプロジェクトもハモニカっぽい。

倉方　確かに。ハモニカ的要素はありますね。ハモニカ的だと思うものをみんなで持ち寄る「ファウンド・ハモニカ」を企画しましょうか。

三浦　それはいい。倉方さんの『ドコノモン』の活動に少し近いかもしれませんね。

倉方　日本のモダニズム建築の価値を示し、保存・活用に向けて尽力している

倉方俊輔『ドコノモン』日経BP社、二〇一一年

ドコモモ（DOCOMOMO Japan）に対して、もっと無名の名建築を表現する主語として「ドコノモン」を置いたとき、そこにどんな建物が当てはまるのかを考えています。たしかに、「ファウンド・ハモニカ」でやろうとしていることに似ていますね。主語を「ハモニカ」に変えて、ハモニカ的なものを探していく。強引に主語を設定することで、それがいったい何なのかがだんだん見えてくるかもしれない。

手塚　倉方さん、これからの行先がだんだん見えてきましたね。

倉方　そうですね。ハモニカ横丁という場所はこうだ、と枠にはめるのではなく、もちろんどこでもできることを行っているのでもなく、ハモニカ横丁とは何かを問いかけるように実践されている手塚さん、言葉としての実践である三浦さんに焚き付けられました（笑）。

横丁からの「現代ワーク」

私が子どもの頃のハモニカ横丁は生きていた。今も生きている。では、これからも生きているためには、何を考えるべきか。こうして出来上がってみると、それを問う本だった気がする。

「出来上がってみると」とは、研究者らしくも書籍らしくもない、行き当たりばったりだなと思われるかもしれない。確かに「はじめに」で予告したように、彷徨《さまよ》ったのは認めよう。でも、それだけではない。現在に必要なのは、このような様態を言葉にすることだという確信を手にして、ここに戻ってきている。

「このような様態」とは、初めに目的を決め、そのための手段を組み立て、それを順にクリアして実行することで、最初の目的を達成するような、あらかじめ分かっている出来上がりではない。ひとまず仕事が一巡して戻ってきた後に、初めて目的があったかのように見えてくる出来事のことだ。前者を「近代ワーク」、後者を「現代ワーク」と名付けよう。今、必要なのは「現代ワーク」とは何かを言葉で表現し、そのつくり方を一つ一つ提出することではないか。

補足したい。先ほど「現代ワーク」を表す際に「目的」という言葉を使ったのは、少々おかしい。

なぜかというと、それは手を動かすことの後に明らかになるからだ。言い換えると、手段（＝手を動かすこと）よりも目的（＝目指す事柄）のほうが後に出現することになる。言語として、これは矛盾している。だから、「目的」ではなく、これを「本質」と言い表そう。

すると、左の図式が描ける。

近代ワーク　手段←目的
現代ワーク　仕事→本質

時間の流れは、ともに上から下へである。両者の違いは、一つは時間の流れと因果関係の向きが逆順か正順かということ、もう一つはそれに関連して図式が閉鎖系か開放系かということだ。

「近代ワーク」の場合、あらかじめ分かっている「目的」に到達した瞬間、運動は完結するだろう。私たちホモ・サピエンスには、計画能力が備わっている。だからこそ、まだ見ぬ「目的」が設定できる。過去ではなく、未来のかたちを描ける。与えられた能力で時間を逆行し、計画能力をもって先取りした時刻に追いついたところで、運動は停止する。次の目的は、こうした一つのサイクルとは別に、どこからか与えられなくてはならない。先ほど「近代ワーク」を閉鎖系と形容したのは、こういうことだ。

例外がある。量的な拡大を続ける場合だ。仮に最初の目的が一〇だとしたら、次に一〇〇を与えれば二巡目が駆動するだろう。終わったら次は一〇〇〇をと、どこまでもやっていける。このサイクルが成立するためには、「手段←目的」を取り巻く環境が不変でなくてはいけない。すなわち、自分自身が達成した目的ないしはそのために費やした手段が、周辺環境に何ら影響を及ぼさないくらいに、周辺環境の物的・人的資源に限界がないか、あるいは達成した結果が無効果な場合にのみ、手段と目的の妥当性が以前のままなので繰り返しが可能である。つまり、閉鎖系である「近代ワーク」の継続は、開放系の周辺環境を必要とするのだ。この条件に加えて、「近代ワーク」は必ずしも目的が数値でなくても構わないが、続けるためには目的が値で示せなくてはいけない。でないと、次の数値目標が自動的に代入できない。

これに対し、「現代ワーク」は、はなから継続する。図式で用いた「本質」とは曖昧な用語に感じられるかもしれないが、誰でも仕事の一つのサイクルが終わった後、「そういうことだったのか」と気づかされる経験はあるだろう。そこで垣間見えたのは、自分を駆動させていた本《もと》にあって、量では測れない、質である。これは「本質」と呼べるのではないか。

ただし、垣間見えただけだ。「何々である」と断定できるようなものではない。だから、ひと段落したところで、次に目指す事柄が現れる。垣間見えた「本質」に基づいて、それがさらに露わにされた「′本質」に近づけるような方向性を見つけ出す。その能力を、私たちホモ・サピエンスは野生の時代から備えている。この「本質→′本質→″本質」という展開は、水平の移動でもなければ、量的な拡大でもない。森に分け入って、見上げた光がどんなものであるかは、外から眺めてもつかめない。砕いた木の実の中に何が入っているのか、割ろうとする意思と技能の後で、初めて知ることができる。露わになった起点から、次は何を行おう。そんな動きの継続性と無方向性を併せて、「現代ワーク」は開放系だと言える。「近代ワーク」とは異なり、時間の向きと因果関係の向きは合一しているから、動きはまるで「自然発生的」に思えて、何が目的か何が手段かは明瞭に区別できない。

周辺環境との関係はどうだろう？「近代ワーク」の継続には、開放系の周辺環境が必須だった。ということは、限界のある地球環境の中で「近代ワーク」を無限に続けることは不可能だ。そこまで突き詰めて捉えなくても、あるエリアの中で自分の仕事の効果が出てしまえば、そこにおける数値目標は見失われるということである。例えば、閑静な歴史的街区に建つことを売りにしたタワーマンションが林立すれば、売りにしていた周辺環境も変わり、ヤミ市の立役者だった露店経営のテキヤよろしく、ショバ（テキヤなどの隠語で稼ぎ場所）を一転させる必要があるといったように。

それに対して、「現代ワーク」はある周辺環境の中にとどまりながら、継続的であることができる。それは必ずしも、消費対象の拡大と周辺環境の収奪を必要としない。なぜなら楽しみが、目的の設定と到達という二つの瞬間だけに存在し、その間は時間と因果関係の向きがちぐはぐになった仮想の時を生きる「近代ワーク」とは違って、「現代ワーク」では、ひとまず何かを目指して到達するまでの過程それ自身も、発見と共に時を生きる喜びとなり得るからだ。本質を探求していく中で、周辺環境を収奪するのではなく、発見していくという要素も大きい。

同じ人間の働き（ワーク）でも「近代ワーク」は人工に、「現代ワーク」は自然に近い。吉祥寺のハモニカ横丁を通じて見えてきたのは、後者のような仕事（ワーク）のありようだった。また、そのように既存の場所と関わる、計画やデザインの作品（ワーク）だった。これは一体どういうことだろうか？「情報化も消費化も、強いてストップさせなくても、ラディカルに情報化も消費化も徹底すれば、世界の有限性の中で人間は無限の幸福と喜びを感じることができる」[※1]と二〇一五年に発言しているのは、社会学者の見田宗介だ。

なぜなら、情報化とは、物質を離れた価値がものをいう時代だからである。一九九六年の著書[※2]の中では、絵画の美しさはキャンバスの巨大さと基本的には無関係だという例を通じて「美としての情報」と表現しているが、われわれの立場からは「デザインとしての情報」と理解したほうが、分かりやすいかもしれない。同じ物質でも、配列の仕方で価値が変わる。加えて、同じ文字列だとしても送信元が誰か、どのタイミングで受信したかで嬉しさが増減する。「われわれの情報と消費の社会は（中略）自然と他者との、存在だけを不可欠のものとして必要としている」のであって、「収奪し解体することを必要としてはいない」と見田は記す。

わかった。情報化だけなら良いとしよう。だが、情報化と消費化との結託こそが欲望を刺激し、必要でない売買を加速させ、環境問題と南北問題を悪化させるのではないか。その「徹底」だなんて、とんでもない。そんな見解にも、あらかじめ静かに反論している。

鍵になっているのは、必要に迫られたり、他人との差別化のために商品を消費すること、というイメージの強い「消費」概念の転換だ。哲学者ジョルジュ・バタイユの思想の再読を通じて、消費の概念の根源にあるのは、そんな「インストゥルメンタル（道具的、手段的、何かの役に立つ）」とは反対の「コンサマトリー（それ自体が喜びである）」であることを論証する。こうした認識の先に、どんな世界が開けるのか。再び発言を引用しよう。

「バタイユの言うように消費という概念を根源的に考えると、資源の消費や環境の汚染を必ずしも必要としない。そこから人間は無限の〈消費〉、バタイユの言う『奢侈』、ぜいたくをすることができる。」

論旨は揺らぎないが、より表現は明快で、一層ポジティヴになっている。齢八〇になろうとする社会学者の心眼は、シェアやリノベーション、新しい働き方やＩＴによるつながりといった、この二〇年の間に出現した事柄を、持論を補強するものとして捉えている。

「現代ワーク」は、このような情報化社会を前提とした消費の前進だと言える。決して、通俗的に理解されるような「ものの豊かさから心の豊かさへ」や「草食系」や「失われた〇〇年」ではない。なぜなら、バブル期よりもむしろ、ものをつくったり売ったりという行為に意識を寄せている。既存の概念に依存するのではなく、これまでに定義されていなかった仕事、加えて地域性も創出している。そして、情報にしても人の流動にしても、戦後ずっと堅牢すぎた日本の国境は低まっている。

すでに誤解を与えてしまっているかもしれないが、「現代ワーク」で用いた「仕事」は、労務というより、workの意味だ。時に目的を目指した努力であり、勉強や研究であり、手仕事であり、何かに働きかける行為である。未来を変革し、自分を発見できるような交歓の一種である。

横丁にはそれが宿る。必ずしも新規な見た目や業態を呈しているとは限らないが、生きている横丁には、その場所の本質を静かにも過激にも更新していく自由が満ちていて、私たちの生を豊かにする。この素晴らしい現代性を残したいと思ってはいけないだろうか。

横丁を扱った言葉として、マイク・モラスキー『呑めば、都―居酒屋の東京』(筑摩書房、二〇一二年)以上に優れたものを私は知らない。一九七六年に初来日して以来、居酒屋を愛する著者の文章は、横丁の内側に身を置いている。人間との交歓を楽しみ、目の前の観察から、関連する文学や過去に思いをはせる。内側から観察するヒューマンな視点は、好みの明快さからも感じられる。好みの代表が「客層の中に常連が多いこと」と「店主の貫禄」だ。

ただし、これは時間を経た現在の姿を文字に定着させたものである。当然ながら、それは少なからず素人商売に始まり、小売店が主役だった戦後のヤミ市と別物であることは、ヤミ市文学のアンソロジーなども手がけている著者のよく知るところだろう。美しく文字に置き換えられたら、滅びてもいい。この「文学」は、そう思わせる。

工学部にいるから、というわけでないが、もっと前向きなものとして、横丁を捉えたかった。そんな働きが特に宿っている場所だと感じたハモニカ横丁から、始めることにした。

手法はどうするか。手塚一郎という人物のみによってハモニカ横丁はできているわけではない。しかし、その重要性に対して、踏み込んだ言及がなされていないと感じた。なぜ建築家を起用して、こんな「おかしな」ことをやっているのか。建築家は何を考え、横丁からどんな理解を引き出したのか。飛び込んで聞いて、私もそれに反応してみることにした。歴史とは、過去ではなく、目の前にあるものだ。それらの網の目の中から、現在的で、歴史的な何かが姿を表すだろうと感じた。

かつて、デザインサーヴェイというものがあった。歴史的な街並みや横丁などを図面に記録するようなムーヴメントが一九六〇年代後半から勃興していった。その歴史を——ちょうど現在のハモニカ横丁のように——受け継ぐには、過去に敬意を払った新たな手法の創出が必要ではないだろうか。デザインサーヴェイが読み解かれるべき内在的な思想として形そのものだけを扱ったように、ここでは多様に読解されるべき対話で記録を行った。これがかつてとは異なる働き方、作品、街並み、歴史意識といった「現代ワーク」に対する、現代のフィールドワークであれば幸いである。

手塚一郎さんには、企画の最初からご協力いただき、貴重な内からのご意見をいただいた。隈研吾さん、塚本由晴さん、原田真宏さんには、ご多忙の中、本書のために新たに強靭な言葉を出現させていただいた。三浦展さんには、お声がけいただいた吉祥寺コミュニティデザイン大賞の審査を通じて手塚さんとお知り合いになれたという本書の始まりだけでなく、締めのお知恵も気前よくご提供いただいた。形見一郎さんのハモニカ横丁へのご貢献の詳細は、本書がなければ知ることができず、何よりも完成を目にしていただきたかった。北見美紀さんには、校正や図面のご提供などのご尽力をいただいた。

この類例のない本が世に送り出せたのは、彰国社の神中智子さんの発散するアイデア力と集約する編集力の賜物だ。カメラマンの畑拓さんには、現地に幾度となく足を運んでいただき、建築的で人いきれがする横丁写真、という新ジャンルを拓いていただいた。現在の勢いが本書に収録され、次の本質を探求させる仕事になっているとすれば、ご両人のおかげだ。

故郷を扱ったものなので、今回だけは肉親への謝辞をお許しいただきたい。本書が書店に並ぶ頃には最終講義を終えているだろう父、直接にハモニカ横丁の思い出を確認させてくれた母に、本稿を記すまでに育て、見守っていただいたことを感謝したい。

註
※1 見田宗介×加藤典洋「現代社会論／比較社会学を再照射する」『現代思想二〇一六年一月臨時増刊：総特集 見田宗介＝真木悠介—未来の社会学のために』二〇一六年
※2 見田宗介『現代社会の理論—情報化・消費化の現在と未来』岩波新書、一九九六年

二〇一六年三月

倉方俊輔

倉方俊輔

くらかたしゅんすけ

編者略歴

建築史家

1971年、東京都生まれ。大阪市立大学大学院工学研究科准教授。著書=『これからの建築士』(共著、学芸出版社)、『生きた建築 大阪』(共著、140B)、『大阪建築 みる・あるく・かたる』(共著、京阪神エルマガジン社)、『伊東忠太建築資料集』(監修・解説、ゆまに書房)、『東京建築 みる・あるく・かたる』(共著、京阪神エルマガジン社)、『ドコノモン』(日経BP社)、『吉阪隆正とル・コルビュジエ』(王国社)ほか。

写真クレジット

Erieta Attali	○四六
MOUNT FUJI ARCHITECTS STUDIO	○九九上
Nacása & Partners	○六六
The Courier	帯上中、○四八
アトリエ・ワン	一五○、一五五
倉方俊輔	一三四、二○二、二一五右
新建築社写真部	○九九下
鈴木育男（らかんスタジオ）	一八○～一八二、一九二、一九八上
鈴木研一	一一四
鈴木理策	○六二、○六三
東京工業大学塚本研究室	一六二
林　雅之	一二二
ビデオインフォメーションセンター	○一四、○二三、一七七
三浦　展	一七一、一九四、二一五左
和木　通	帯上左、○六○、○六一、○七七、二二二
畑　拓（彰国社）	カバー、見返し（表四側）、帯上右・下三点、○一○～○一三、○一五、○一八、○二六～○四二、○四九～○五八、○六九、○七九～○九五、一○二～一一二、一一八、一二六～一三○、一三五～一四五、一五八、一六一、一六四～一六七、一七二、一七三、一八四～一八九、一九八下、二○一、二○三、二○九～二一三、二二○、二二四～二三○
彰国社編集部	見返し（表一側）、一六九、一七四、二○五、二一七
氏デザイン	帯（表四側）

編集協力 原田のぶ子
装丁 氏デザイン

吉祥寺ハモニカ横丁のつくり方

2016年 4月10日 第1版 発 行

著作権者との協定により検印省略

編 者 倉 方 俊 輔
発行者 下 出 雅 徳
発行所 株式会社 彰 国 社

162-0067 東京都新宿区富久町8-21
電話 03-3359-3231(大代表)
振替口座 00160-2-173401

自然科学書協会会員
工学書協会会員

Printed in Japan

印刷：真興社 製本：中尾製本

ISBN 978-4-395-32059-2 C3052 http://www.shokokusha.co.jp

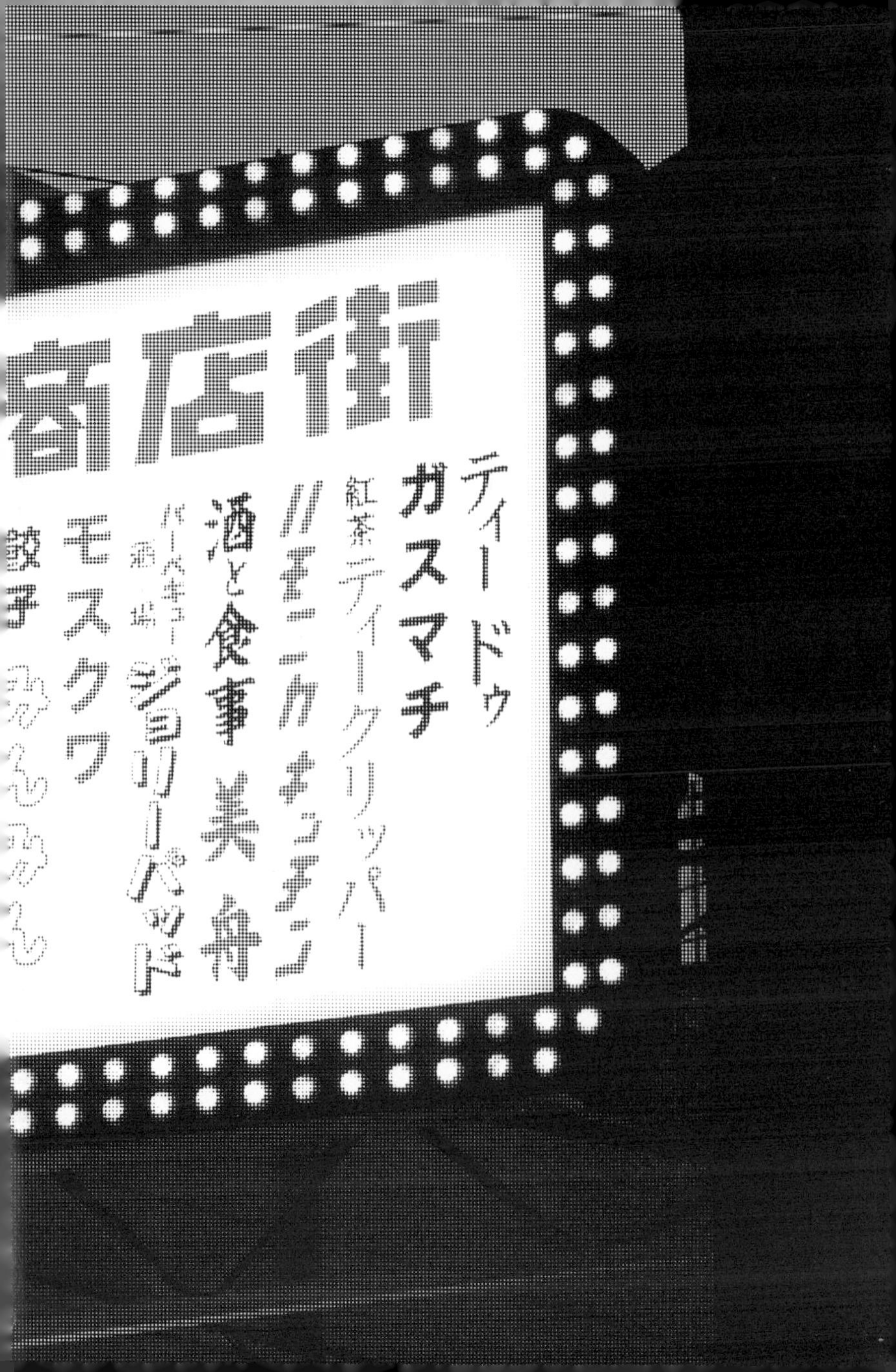
店街
ティードゥ
ガスマチ
紅茶ティークリッパー
「ハモニカキッチン」
酒と食事 美舟
酒場 ジョリーパッド
モスクワ
餃子 みんみん

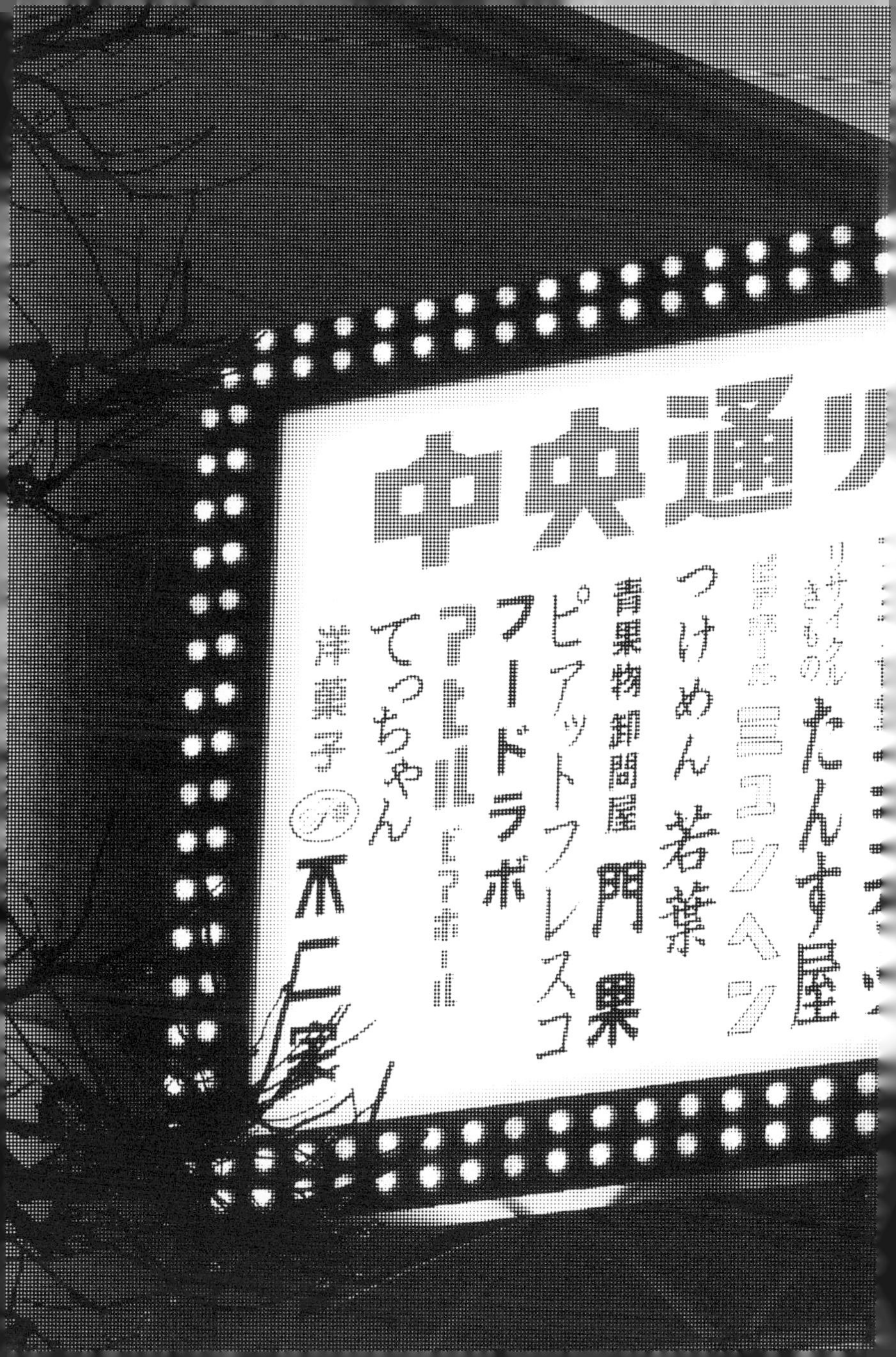
中央通り
リサイクルきもの たんす屋
つけめん 若葉
青果物卸問屋 門果
ピアットフレスコ
フードラボ
てっちゃん
洋菓子